저자 _ 앨리슨 에드워즈
전문상담사이자 놀이치료사인 앨리슨은 어린이들과 청소년 그리고 그들의 가족을 상담한다. 앨리슨은 노스웨스트 미주리 주립대학교에서 교육학 학사 학위를 받고, 밴더빌트 대학교에서 상담학 석사 학위를 받았으며 공립학교에서 위험에 처한 아이들과 이민자 아이들을 위한 놀이 치료 프로그램을 개발하고 운영했다. 현재는 상담소를 운영하며 어린 시절의 불안에 대해 글을 쓰고, 밴더빌트 대학교에서 미래의 상담가를 꿈꾸는 학생들을 가르치고 있다.

역자 _ 이채린
숙명여자대학교에서 영어영문학과 중어중문학을 공부했다. 현재 평범한 직장인으로 소설책과 동화책을 즐겨 읽으며 많은 사람에게 도움이 되는 책을 소개하고 싶은 꿈을 갖고 있다.

Original title: Why Smart Kids Worry: And What Parents Can Do to Help Copyright © 2013 by Allison Edwards
published & produced by arrangement with Sourcebooks, Inc.
1935 Brookdale Road, Naperville, IL 60563, U.S.A. All Rights Reserved
Korean Translation Copyright © 2020 by Galaxias Publishing Co.
through Inter-Ko Literary & IP Agency

이 책의 한국어 판권은 인터코저작권에이전시를 통한 저작권자인
Sourcebooks, Inc. 와의 독점 계약으로 갈락시아스 출판사/Galaxias Publishing Co에 있습니다.
신 저작권법에 의해 한국 내에서 보호를 받는 저작물이므로 무단 전재와 무단 복제를 금합니다.

우리 아이는 왜 **불안할까**

똑똑한 아이의 불안을 다루는 15가지 방법

앨리슨 에드워즈 지음
이채린 옮김

갤럭시아스

우리 아이는 왜 **불안할까**

초판 1쇄 발행 2021년 3월 22일
초판 3쇄 발행 2025년 6월 1일
글 앨리슨 에드워즈 | **옮긴이** 이채린
펴낸이 최은하 | **펴낸곳** 갈락시아스
디자인 바이플레인 | **제작처** 넥스트프린팅
출판등록 2018년 2월 22일 (제 2018-000024호)
주소 서울특별시 강서구 양천로 47길 118
전화 02-6341-2257 | **팩스** 070-7614-2257
인스타그램 @galaxiasbook
이메일 galaxiasbook@gmail.com
ISBN 979-11-971004-2-0 (13590)

*값은 뒤표지에 있습니다. 잘못 만든 책은 교환해드립니다.
*이 책은 갈락시아스가 저작권자와의 계약에 따라 출판한 것이므로
 당사의 서면 허락 없이는 어떤 형태로도 이 책의 내용을 사용하지 못합니다.

차례

서문   9

1부. 똑똑한 아이들의 생각법   15

   1장. "똑똑하다"의 새로운 정의   16

   2장. 불안 이해하기   35

   3장. 불안을 처리하는 방법   49

   4장. 어떻게 불안을 해소할까?   68

   5장. 지능과 불안의 충돌   81

   6장. 아이들은 테러리스트가 무엇인지 알 필요가 없다!   96

   7장. 어려운 질문에 대답하는 방법   112

       "지구온난화가 진짜인가요?

         저는 언제 죽나요?

         토네이도가 우리 집을 덮칠까요?"

   8장. 불안이 남겨놓은 것들   131

2부. 문제 해결 방법 — 137

- 방법1. 사각 호흡 연습 — 138
- 방법2. 걱정 시간 — 143
- 방법3. 생각의 전환 — 148
- 방법4. 다섯 가지 질문 규칙 — 153
- 방법5. "내가 해냈어요!" 리스트 — 157
- 방법6. 구슬 보상 시스템 — 162
- 방법7. 사회적 역할 부여하기 — 167
- 방법8. 시간표 작성하기 — 171
- 방법9. 시야 넓히기 — 175
- 방법10. 행동 유형 바꾸기 — 180
- 방법11. 불안에 이름 붙이기 — 185
- 방법12. 오직! 오늘 일만 담는 접시 — 189
- 방법13. 빨리 달리자! 높이 뛰자! — 193
- 방법14. 걱정 전문가 — 198
- 방법15. 감정 확인하기 — 203

결론 — 209

서문

5살 토마스는 죽음을 생각하면 불안해진다. 할아버지와 할머니, 부모님과 강아지, 친한 친구가 죽을까 봐 두려운 토마스는 매일 밤 잠자리에 들기 전에 "엄마, 무서워요. 내가 잘 때 아빠가 돌아가시면 어떻게 하죠?"라고 묻는다. 유치원에 다니는 토마스의 읽기 능력은 초등학교 4학년 정도 수준이며 친구들 사이에서 인기가 많고 가정환경도 별문제가 없다. 토마스의 엄마는 "아이가 왜 그러는지 모르겠어요. 토마스가 아는 사람 중에 죽은 사람이 없거든요. 아이가 무서운 영화를 본 적도 없고요. 이제 겨우 5살인데 왜 죽음을 생각하는 걸까요?"라고 묻는다.

8살 메이는 지난 수학 시험에서 B를 받은 후부터 대학에 가지 못할까 봐 불안해하며 이렇게 말한다. "전 항상 A를 받았는데 이번에는 B예요. 전 절대로 대학에 가지 못할 거예요." 메이의 엄마는 딸이

한 말에 너무 놀라 할 말을 잃었다. "우리 부부는 아이에게 대학에 관해 말한 적이 없어요. 아이가 시험에서 A를 받길 원하지도 않고요. 아이가 왜 10년 후에나 일어날 일을 걱정하는지 모르겠어요."

11살 매들린은 부모님이 이혼할까 봐 걱정이다. "지난밤에 엄마 아빠가 싸우는 소리를 들었어요. 두 분이 이혼할까 봐 겁나요. 사라 부모님이 작년에 이혼했는데 이제 사라는 주말에만 아빠를 만날 수 있어요." 매들린의 엄마와 아빠는 이혼할 생각이 전혀 없다. 그래서 자신들이 다툰 일로 부모가 이혼할까 봐 불안해하는 매들린을 보면 혼란스럽다. "매들린은 항상 다음번에 일어날 일을 생각해요. 엄마랑 아빠가 가끔 싸우기도 한다는 사실을 아이에게 이해시키기가 힘들어요. 이혼하려는 게 아닌데 어떻게 해야 할지 모르겠어요."

불안은 아이들에게서 흔히 볼 수 있는 정신 건강 문제다. 지난 십여 년 동안 아이들의 불안은 계속되어 왔으며 어른들도 마찬가지다.

우리는 극도로 불안하다. 아이가 자라서 어른이 되는 동안 무슨 일이 일어난 걸까? 50년대, 60년대, 70년대에 불안했던 아이들이 자라서 오늘날 불안한 어른이 된 것일까? 그럼 지금 불안한 아이들이 자라서 불안한 어른이 될까?

연구 조사에 따르면 인간의 뇌는 나이가 들수록 쉽게 변하지 않는다고 한다. 5살 아이는 55살 어른보다 상대적으로 쉽게 변하는 것이다.

나는 심리 치료사로 일하면서 이런 사례들은 여러 번 보았다. 매우 불안해하는 7살 아이를 둔 부모에게 단기간에 불안을 해결하는 방법을 알려주었더니 아이는 눈에 띄게 좋아졌다. 반면, 불안한 어른들의 상황은 사뭇 달랐다. 효과는 천천히 나타났고 아이들보다 변화가 힘들어 보였다. 삶에 오랫동안 스며든 부정적 습관 때문에 어린 시절에 바로잡을 수 있었던 문제가 어른이 되어서 큰 걸림돌이 되기도 한다.

어린 시절은 불안해하는 사람에게 도움을 줄 수 있는 가장 좋은 시기이다. 습관이 몸에 배거나 자존감이 너무 낮아지기 전에 아이들과 부모들을 변화시킬 방책이 필요하다.

이 책에서는 불안해하는 자녀를 둔 부모에게 필요한 정보와 방법을 제시한다. 특히, 또래보다 생각이 빠른 자녀(이 책에서는 이런 아이들을 똑똑하다고 한다)를 둔 부모들에게 도움이 되는 방법을 알려주고자 한다. 이런 아이들의 생각은 남다르기 때문에 부모는 양육 방법을 달리해야 한다. 잠시 후 "똑똑하다"는 말의 정의를 알아보겠지만, 지금은 똑똑한 아이들이 평범한 아이들보다 더 불안해한다는 사실이 중요하다. 그러므로 그 아이들이 느끼는 두려움을 다룰 준비를 해야 한다.

당신의 아이가 똑똑하고 나이보다 영리하지만 스스로 감당 못 할 두려움으로 힘들어하고 있을 수 있다. 아이는 부모가 대답하기 힘든 질문을 하며 부모가 그 나이였을 때보다 생각이 앞서 있다. 또한, 새로운 정보를 너무 빨리 받아들여서 부모가 따라가기 버겁기도 하다.

수많은 똑똑한 아이들이 불안과 힘든 싸움을 하는 동안 이러한 문제를 직접적으로 다룬 책들은 많지 않았다. 아이를 똑똑하게 키우는 방법이나 불안한 아이를 양육하는 방법을 다룬 책은 많지만 실제로 똑똑하고 불안한 아이들에게 도움이 되는 방법을 알려주는 책은 많지 않다. 이 책은 바로 이 점을 알려준다. 이 책에서 소개하는 사례 연구들과 실용적 정보, 교육 방법은 똑똑하고 조숙한 아이들을 더 행복한 아이, 스스로 불안을 다루는 아이로 성장하도록 도울 것이다.

　아이들이 불안해하는 순간 어떻게 교감해야 하는가보다 아이들의 불안을 '고쳐'주는 데 집중하는 책들이 더러 있다. 이 책은 다르다. 이 책에서 제시하는 정보와 방법들은 아이들의 불안을 없애는 것이 아니라 아이들 스스로 불안을 다스리도록 도와준다. '고친다'라는 목표를 세우면 부모는 상황이 나아질 무언가를 찾게 된다. 아이를 고치려고 할 때 부모는 아이에게 만족스럽지 않다는 메시지를 보낸다. 불안을 자신의 일부로 받아들이고 제어할 수 있게 도와주어야 아이들은 스스로 해낼 힘을 얻는다. 무조건 빠른 해결책이 바람직하지만은 않은 것이다.

　앞서 말했듯이, 부모가 불안해하는 아이에게 꼭 필요한 방법을 제시해주면 아이의 불안은 눈에 띄게 좋아진다. 이 말이 아이를 불안에서 구하거나 문제를 해결해준다는 뜻이 아니다. 아이의 생각을 이해하고 적절한 방법으로 더욱 독립적인 아이가 되도록 돕는 것이다. 아이는 결국 스스로 두려움을 다룰 수 있어야 한다. 적절한 경계선을 정해 아이가 그 안에서 안전하게 성장할 수 있다면 아이는 스스로 불안을 제어할 수 있다.

　이 책은 1부와 2부로 구성된다. 1부에서는 불안해하는 아이들을 양육할 때 필요한 정보를 보여주고 똑똑한 아이들의 마음 상태와 불안이 아이에게 미치는 영향을 알아본다. 또한 아이들이 불안해하는 이유와 자신의 불안을 처리하는 방법도 함께 살펴본다. 1부를 꼼꼼히 읽으면 아이에게 꼭 맞는 효과적인 양육 방법을 찾을 수 있고 2부에서 제시하는 양육 방법을 성공적으로 시행하기 위해 필요한 정보를 얻을 수 있다.

2부에서는 불안해하는 자녀를 양육하는 15가지 방법을 알려준다. 2부에서 설명하는 방법들을 사용할 때는 시작부터 과한 욕심을 내지 말아야 한다. "이 방법이 통했어! 이 방법도 효과가 있어! 그럼 이 방법도 시도해봐야겠어!"라고 너무 성급하게 생각하지 말고 아이에게 진짜로 효과가 있는 최고의 방법을 천천히 생각해 보길 바란다. 이 방법들을 적용하는 데 서두를 필요는 없다. 아이에게 가장 적합한 방법을 찾을 때까지 기다리고 이해하는 일이 무엇보다 중요하다.

나는 지난 십여 년간 불안해하는 아이들 수백 명을 만나고 이야기를 나눴다. 개인적으로나 직업적으로 아이들에게 많이 배웠고 아이들과 함께 하는 일이 즐거웠다. 이 책에서는 내가 겪었던 실제 사례들을 다룬다. 사례에 등장한 아이들의 정보 보호를 위해 이름과 성별은 바꿨지만 발달 단계 적용이 일관성을 갖도록 나이는 그대로 두었다. 또한 언어의 단순성과 일관성을 유지하기 위해 남녀 가리지 않고 모든 아이를 '아이'라고 칭했다.

이 책은 자녀를 새로운 방식으로 이해하도록 도울 것이다. 부모들이 이 책을 읽고 나서 자녀와 더 깊게 교감하고 앞으로 무슨 일이 일어나더라도 자녀를 자신만의 길로 안내하고 도와줄 지식과 방법들을 배우길 바란다.

1부
똑똑한 아이들의 생각법

1부에서는 부모가 열린 마음으로 아이를 다르게 생각하는 방법을 알려준다. 이를 통해 부모는 아이가 어떤 일을 겪고 있는지 이해할 수 있을 것이다. 불안과 지능의 새로운 정보를 발견하고 그 정보를 아이에게 적절히 적용하는 방법을 알아볼 수 있다. 또한 불안해하는 아이들과 오랫동안 함께하며 얻은 경험들도 담았다.

아이들이 불안을 어떻게 표현하는지도 구체적으로 다룬다. '불안' 대신 아이들에게 친숙한 '걱정'이라는 단어를 사용하면 어른들이 느끼는 불안이 아닌 아이들이 느끼는 불안이 된다. 불안해하는 아이들과 대화할 때는 단어가 매우 중요하다. 아이가 자신을 잘 알 수 있게 도와주고 결과적으로 아이들 스스로 불안을 다스릴 수 있기 때문이다.

그러므로 2부로 넘어가기 전에 1부를 완벽하게 읽길 바란다. 아이에게 가장 효과적인 방법을 찾기 위해 먼저 아이가 어떻게 생각하는지, 어떻게 불안을 다스리는지, 부모로서 어떤 역할을 해야 하는지 반드시 이해해야 하기 때문이다.

1장

"똑똑하다"의 새로운 정의

'똑똑하다'는 말을 들으면 의사나 변호사, 고등학교 수석 졸업생이 떠오르는가? 하버드, 예일, 프린스턴 같은 일류 대학뿐만 아니라 '전교 1등', '대학입학시험 만점'이라는 말이 떠오를지도 모른다. 하지만 많은 사람이 로즈 장학생(영국 옥스퍼드 대학에서 공부하는 미국·독일·영연방 공화국 출신 학생들에게 주어지는 로즈 장학금을 받는 학생)보다 대학을 중퇴한 아이들이 더 똑똑하기도 하다는 사실을 잘 알지 못한다. 고등학교를 중퇴한 아이들이 어쩌면 대학졸업생보다 더 똑똑할 수 있고, 기업 CEO의 집을 수리하는 배관공이 CEO보다 더 똑똑할지도 모른다. 우리는 대체로 '지능'을 오직 한 가지 지능과 맞바꾼 성과라고 생각한다.

20년 전에 당신이 똑똑했다면 대학을 졸업해서 사업가나 변호사, 의사가 되어 남들보다 돈을 더 많이 벌었을 것이다. 그러나 정보화 시대인 현재 몇몇 똑똑한 사람들은 대학을 졸업하지 않고도 자신만의 사업을 시작하고 세계를 여행하기도 한다. 이처럼 지능은 정해진 틀에서 벗어나 누구도 보지 못한 것을 생각하는 힘으로 새롭게 정의할 수 있다. 이제 세상은 학위나 졸업 점수로 똑똑한 사람을 판단하지 않는다.

많은 부모가 자신의 아이가 똑똑하다고 생각하지만 평범한 아이들과 어떤 점이 다른지는 잘 모른다. 타고난 재능을 인정받거나 학교 성적이 우수하면 아이의 재능은 객관적인 증거를 갖는다. 그렇지 않다면, 부모는 아이가 다른 아이들보다 똑똑한지 확신하기 어려워 종종 이렇게 말한다. "제 아이는 똑똑해요. 학교 성적은 좋지 않지만 다른 아이들보다 빠른 것 같아요."
이제부터 "똑똑해 보인다"는 의미를 자세히 살펴보도록 하자.

똑똑하다 = 생각이나 기술을 한 단계 끌어올리는 능력

생각을 한 단계 끌어올리는 능력이란 생각, 기술, 개념 등을 완전히 새롭게 생각하는 힘이다. 똑똑한 아이들과 평범한 아이들의 생각을 잠시 살펴보자.

평범한 아이	똑똑한 아이
8+2=10	8+2=5+5
뱀을 봤어.	보아뱀을 봤어.
저는 10살이에요.	내 인생의 8분의 1을 살았어요.
난 달라.	난 특별해.
어떤 사람들은 죽어.	아마 나도 그 중 한 사람일 거야.
환경오염은 나빠.	환경오염이 지구를 파괴하고 있어.
우리 부모님은 자주 싸워.	우리 부모님은 이혼할 거야.
무서워.	난 이제 안전하지 않아.

생각을 한 단계 끌어올리는 능력을 갖춘 똑똑한 아이들은 준비가 안 된 채로 세상을 맞이하고 있으며 이런 상태는 점점 심각해지고 있다. 아이들은 매년 더 똑똑해지고 지능이 높아져서 똑똑한 아이들의

사고력은 점점 향상되기 때문이다.

플린 효과: 신세대의 IQ는 언제나 구세대보다 높다.

요즘 아이들은 우리가 어릴 때보다 더 똑똑할까? '플린 효과'를 발표한 제임스 R. 플린 *James R. Flynn*에 따르면 미국 아이들의 평균 지능은 10년마다 3점씩 상승했다고 한다. 플린은 지능이 학교 교육, 학업 활동, 개인 과외 여부에 상관없이 상승하고 있음을 밝혀냈다. '천재'라 불릴 정도로 점수가 높은 사람은 지난 세대보다 20배 이상 증가했고 플린은 이러한 현상을 "간과해서는 안 될 엄청난 문화적 르네상스"라고 평가했다. 전반적인 지능이 상승했든, 단순한 문제 해결 능력이 향상됐든, 저명한 사람들이 밝혀낸 과학적이고 기술적인 발견은 우리가 남다른 시대에 살고 있음을 보여준다.

즉, 요즘 아이들은 부모보다 더 똑똑하다는 뜻이다. 대부분의 아이는 부모와 논쟁을 벌여서 이기고 새로운 인터넷 정보를 찾아내며 부모가 했던 모든 말을 기억한다. 부모들은 계속해서 말한다. "아이를 따라잡을 수가 없어요. 아이가 너무 앞서나가요. 제가 그 나이 때 어땠는지 기억나지 않지만, 분명히 뭔가 잘못됐어요." 실제로 더 똑똑해진 요즘 아이들은 우리가 어릴 때 하지 못했던 생각을 해낸다.

일곱 가지 지능

심리학자와 연구원들은 50년 넘게 지능의 정의를 놓고 논쟁을 벌여왔다. 그리고 1983년, 하워드 가드너 *Howard Gardner*는 다중 지능 이론을 정립했다. 가드너는 지능의 형태가 다양하기 때문에 단순한 학업 성취도 평가만으로 아이들이 얼마나 똑똑한지 정확히 알 수 없다고 생각했다. 예를 들어, 곱하기를 쉽게 배우는 아이가 그렇지 않은 아이보다 반드시 똑똑하다고 할 수 없다. 배우는 속도가 느린 아이가 더 똑똑할 수도 있다. 배우는 속도는 느려도 단순히 구구단을 잘 외우는 아이보다 더 높은 수학적 지능을 가지고 있을 수 있기 때문이다. 가드너가 정립한 일곱 가지 지능은 아래와 같다.

1. **언어적 지능**: 글 또는 말로 표현하거나 의사소통을 할 때 언어를 효과적으로 사용하는 능력 (예: 셰익스피어)
2. **논리-수학적 지능**: 개념과 상황의 관계 및 패턴을 인식하고, 논리적으로 생각하며, 계산하고, 과학적이고 체계적으로 문제를 해결하는 능력 (예: 아인슈타인)
3. **시각-공간 지능**: 이미지를 생각해내고 공간적 위치를 인지하는 능력 (예: 피카소)
4. **음악적 지능**: 표현의 도구로서 음악을 사용하는 능력. 음악적 지능이 발달한 사람은 리듬, 멜로디, 음높이에 민감하다.
5. **신체-운동학적 지능**: 자신의 몸을 표현의 수단으로 능숙하게 사용하며 몸을 이용해 창작하거나 물건을 다루는 능력 (예: 마이클 조던)
6. **대인관계 지능**: 남들과 적절하게, 효과적으로 의사소통하고 반응하는 능력 (예: 오프라)
7. **자기 이해 지능**: 자신의 능력, 동기부여, 목표, 감정 등 자신을 정확히 이해하는 능력 (예: 프로이트)

예시 1: 미술 선생님이 초등학교 2학년 아이들에게 나무를 그려보라고 했다.

시각-공간 지능이 평범한 아이들이 그린 나무.

시각-공간 지능이 발달한 아이들이 그린 나무.

예시 2: 부모가 자녀 앞에서 돈 문제로 다툰다.
대인관계 지능이 평범한 아이는 '우리 부모님이 또 돈 때문에 싸우시는구나.'라고 생각한다. 반면에 대인관계 지능이 발달한 아이는 부모가 보여준 몸짓 언어가 지난번 싸움과 다르다는 사실을 인지하고 '우리 부모님은 돈 때문에 이혼할 거야. 이번 생일에는 선물을 사달라고 하지 말아야지. 그럼 돈을 쓰지 않으니까 부모님이 이혼하지 않을지도 몰라.'라고 생각할 것이다.
두 아이는 같은 상황에서 매우 다르게 반응했다.

예시 3: 엄마가 아픈 동생을 학교에서 일찍 데리고 왔다.
자기 이해 지능이 평범한 아이는 '동생이 아파서 엄마가 일찍 데리고 오셨구나.'라고 생각한다. 반면에 자기 이해 지능이 발달한 아이는 '엄마가 동생을 더 사랑해서 일찍 데리고 온 거야. 지난주에도 동생을 일찍 데리고 왔어. 어쩌면 동생은 진짜로 아픈 게 아닐지도 몰라. 엄마는 동생이랑 같이 있고 싶은 거야. 엄마가 나도 사랑해주면 좋겠어.'라고 생각할 것이다.

여기에 등장한 아이들은 모두 학교에서 똑똑하다고 평가받는다. 예시 1의 아이는 미술에 뛰어나지만, 처리 능력이 떨어질 수 있다. 이런 아이는 해야 할 일을 하지 않고 그림을 그리며 시간을 보낸다. 그러다가 그림에 집중한 나머지 문제를 일으키기도 한다. 오로지 그림만 그리고 싶어 하기 때문이다. 담임선생님은 이 아이를 똑똑하다고 생각하지 않지만, 미술 선생님은 똑똑하다고 생각할 수 있다. 아마도 타고난 재능이 있다고 생각할 것이다. 그렇다면 누구 생각이 맞을까? 담임선생님? 미술 선생님? 어떤 지능에 중점을 두는지에 달려있다. 담임선생님은 논리-수학적 지능에, 미술 선생님은 시각-공간 지능에 중점을 둔다.

예시 2와 예시 3에 등장한 아이들은 전문 치료사들이 많이 만나보는 유형이다. 대인관계 지능이 발달한 아이들은 굉장히 민감하고 직관적이어서 관계 경험을 한 단계 위로 끌어올린다. 이런 아이들은 가족 관계 안에서 발생한 작은 변화를 감지하고 매우 감정적으로 반응한다. 동생이 얼마나 관심을 받는지, 친구들이 자신을 어떻게 대하는지 자세히 살핀다. 이렇게 민감한 아이들은 항상 주변 상황에 관심을 두는 것이다.

일곱 가지 지능을 살펴보면 내 아이가 어떤 지능이 발달했는지 알 수 있다. 아이가 신체-운동학적 지능이 높아서 뛰어난 운동 능력을 갖추고 대인관계 지능이 높아서 친구의 말을 잘 들어줄 수 있다. 하지만 시각-공간 지능이 낮아 미술 시간에 힘들어할지도 모른다. 그렇다고 이 아이가 커서 프로 운동선수가 된다는 뜻은 아니다. 그저 지금 당장 아이가 잘하는 분야를 찾은 것뿐이다. 다시 말해, 이것이 아이가 타고난 능력이다.

타고난 능력과 노력

아이가 똑똑하다고 모든 일을 잘하는 것이 아니며 아무리 열심히 노력해도 또래 친구들보다 뒤처질 수도 있다.

나는 10살 때, 대학 농구 선수가 되고 싶었다. 그해 여름, 아빠에게 농구 골대와 운동 기구, 줄넘기를 사달라고 했다. 11살이 되면서 열심히 노력하면 최강팀인 코네티컷 대학에서 선수로 뛸 수 있고 어쩌면 프로 농구 선수가 될 수 있겠다고 생각했다. 하지만 중, 고등학교를 보내면서 나는 스피드가 부족하고 점프가 제대로 안 되며 키도 작다는 사실을 깨달았다. 고등학교 3학년 때 내 키는 170cm 정도였지만 그래도 나는 가까스로 슈팅 가드로 활약하면서 농구 장학금을 받았다. 하지만 코네티컷 대학은 갈 수 없었다.

그해 봄, 고등학교 2학년 때 농구를 시작한 소녀의 기사를 읽었다. 키가 190cm 정도로 농구 골대에 손이 거뜬히 닿았던 소녀는 최고 리그에 진출했다. 그때 나는 훈련에 쏟아부었던 무수히 많은 시간을 떠올리며 극심한 패배감을 느꼈다.

하지만 지금은 노력에는 보상이 따른다는 사실을 안다. 물론 농구의 경우는 그렇지 않았지만 말이다. 그래도 규칙적인 훈련으로 다져진 절제력은 내 삶에 커다란 영향을 주었다.

아이들은 타고난 능력이 때때로 노력을 앞선다는 사실을 이해하기 힘들어한다. 어떤 아이들은 숙제하는 데 몇 시간이 걸리지만 다른 아이들은 15분 만에 숙제를 끝낸다. 처음 해보는 축구 경기에서 골을 넣은 아이가 있는가 하면 시즌 내내 한 골도 넣지 못하는 아이도 있다. 아이가 계속해서 노력하는데도 또래 친구들을 따라잡지 못하면 그 아이는 현실에서 표류한다. "노력하면 성공한다"라고 말하지만, 항상 그렇지는 않다.

성공에 대한 기대

아이들은 왜 불안할까? 대부분의 똑똑한 아이들은 다른 것을 잘하기 때문에 이번 일도 잘할 수 있다고 기대한다. 이런 아이들은 능력을 타고난 분야에서는 연습이 필요 없어서 왜 훈련이 필요한지 의아해한다. 논리-수학적 지능이 높은 아이는 축구 경기에서도 최고 선수가 되길 기대하고 태권도에서 검은 띠를 딴 신체-운동학적 지능이 높은 아이는 피아노 연주회에서도 굉장한 환호를 받으리라 생각한다. 하지만 기대에 어긋나면 좌절한 나머지 변명하거나 그만두려고 한다.

이런 아이들에게는 노력이 성공만큼 중요하다는 사실을 일깨워줘야 한다. 경기에서 두 골밖에 넣지 못했다고 꾸짖지 말고 두 시간 동안 골 연습을 한 아이에게 보상을 해줘야 한다. 아이가 한 시간 동안 연습을 했으면 아이스크림을 사주고 한 달 동안 연습을 한 후에는 새 축구공이나 축구복을 사주는 것은 어떨까?

아이가 좌절했을 때는 함께 공감해주어야 한다. 똑똑한 아이들은 대부분 실패 경험이 없어서 앞으로 겪게 될 일을 이해해야 하기 때문이다. 아이의 슬픔과 좌절을 인정해주면서 이렇게 말해보자. "네가 태권도 수업에 가기 싫어하는 거 알아. 하지만 이미 등록했는걸", "네가 축구를 힘들어하는 게 마음 아프구나. 이번 시즌이 빨리 끝나면 좋겠어." 이렇게 말하면 아이는 부모가 최소한 자신의 감정을 이해하고 있다고 생각할 것이다.

아이는 신나서 다시 시작하지만, 또 다른 장애물을 만날 수 있다. 그때 아이들은 생각한다. "시간과 노력이 꼭 필요할까?" 물론 한 분야에서 시간과 노력이 필요한 아이도 있고 그렇지 않은 아이도 있다. 하지만 노력 없이 쉬운 일만 한 아이는 어려운 일을 해내지 못했을 때 느끼는 좌절감을 스스로 다루기 힘들 것이다.

똑똑하고 의욕적인 아이들

똑똑한 아이들은 학교에서 좋은 성적을 받고 싶어 한다. 초등학교 때부터 대학 이야기를 하고 언젠가는 하버드 대학에 가겠다고 말한다. 부모 입장에서는 나쁘지 않다. 목표를 높게 세우는 아이를 보면서 우리 아이가 똑똑할 뿐만 아니라 의욕까지 충만하다고 생각한다. 이렇게 아이가 대학과 미래의 직업을 말할 때 적극적으로 반응하지 말아야 한다. 그저 묵묵히 들어주는 것만으로도 좋다. 똑똑한 아이들은 쉽게 질려서 마음이 변하기 때문이다. 부모가 아이의 하버드 대학 이야기에 의미를 부여하면 결국 아이는 하버드 대학에서 멀어진다.

그러므로 대화를 시작할 때 성취해야 할 목표를 먼저 말하면 안 된다. 아이가 아이비리그에 가고 싶다고 하면 그저, "좋아. 언젠가는 그 대학에 가길 바랄게."라고 말한다. 이 말은 "그럼 이제부터 모든 과목에서 A를 받아야 해. 얼마나 많은 아이가 그 대학에 가고 싶어 하는지 아니?"라는 대답과는 매우 다르다. 첫 번째 대답은 아이를 지지하지만 두 번째 대답은 아이에게 부담감을 준다. 아이를 지지하기 위해서는 아이 스스로 자신에게 맞는 분야를 찾게 해야 한다. 부모의 기대를 받는 아이는 선택의 폭이 좁아지고 특정 분야에서 실패와 성공을 강요받게 된다.

아이가 부모에게 하버드 대학 진학에 관해 묻는다면 "네가 어느 대학을 가든지 난 좋아."라고 말해보자. 똑똑한 아이들도 대부분 하버드 대학에 입학하지 못한다. 그래도 아이의 추진력과 의욕을 환영해 주고 "언제나 너를 사랑한단다."라고 아이가 느끼게 해야 한다.

똑똑한 아이들은 종종 거부당하는 상황을 힘들어하지만, 항상 부모의 지지를 받는다는 사실을 알면 위안이 될 것이다.

똑똑하지만 의욕이 없는 아이들

상황이 반대인 경우도 있다. 부모는 아이가 얼마나 똑똑한지 알지만, 아이가 그 기회를 어떻게 이용해야 하는지는 모르기도 한다. IQ가 146점으로 뛰어나지만 자기 학년 수준의 수학 문제 정도만 풀 수 있는 아이도 있다. 웩슬러 아동지능 검사에 따르면, 점수가 130점 이상인 아이들은 '아주 우수하다.'라고 여겨진다. 120점에서 129점 사이는 '우수한' 아이들이고 110점에서 119점 사이는 '평균 이상'이다. 평균 지능 점수는 90점에서 109점 사이다. 그래서 아이가 146점을 받으면 기대는 훨씬 높아진다.

   IQ는 높지만, 학교 성적이 보통인 아이는 부모가 기다려줘야 한다. 똑똑함에는 부담이 따르기 때문이다. 똑똑한 아이들은 저학년일 때는 특별히 잘하려고 노력하지 않아도 아무 문제가 없다. 하지만 고학년이 되면서 학교생활은 점점 힘들어진다. 그전에는 특별히 노력하지 않았던 똑똑한 아이들이 이제는 노력해야 하기 때문이다. 똑똑한 아이들에게 노력은 낯설어서 종종 문제가 발생한다. 똑똑한 아이들에게 노력이란 정장을 입었을 때 느끼는 불편함과 같다. 정장은 무겁고, 쪼이고, 답답해서 당장 벗어버리고 싶지만 그럴 수 없어서 속옷만 입었을 때처럼 편안하길 바란다.

   똑똑한 아이들은 학년이 올라갈수록 노력 없이는 배움이 쉽지 않다는 사실을 알게 되고 이런 사실에 부담을 느끼기 시작한다. 주변의 기대에 부응해야 하기 때문이다. 선생님은 종종 똑똑한 아이의 부모에게 "이 아이는 할 수 있어요. 아이가 최선을 다하지 않아서 그런 것뿐이에요."라고 말한다.

똑똑한 아이들의 의욕을 높이는 방법

아이가 의욕이 없다고 혼내지 말아야 한다. 부모도 집안일, 운동, 가계부 작성, 세금 신고 등 하기 싫은 일이 많지만 결국은 그 일들을 처리한다. 이렇게 말하면서 말이다. "일을 처리하고 나니 기분이 훨씬 좋아졌어!"

똑똑한 아이들에게 이런 방법을 알려줘야 한다. "숙제하기 싫은 거 알아, 그래도 숙제를 끝내면 공원에 갈 수 있잖아."라고 말해보자. "숙제를 반드시 해야 해. 숙제는 네 인생에서 중요해. 3학년에 올라가지 못할 수도 있어!"라고 말하는 것보다 훨씬 효과적이다.

두 번째 대답을 들은 아이는 똑똑해지기를 거부할 수 있다. 부모는 아이들이 자신의 지능을 낭비하지 않고 잠재력을 발산하게 도와줘야 하며 아이에게 동기부여를 할 수 있는 방법을 알고 있어야 한다.

동기 부여 방법

1. 공감하기
2. 보상하기

아이에게 공감할 때는 이렇게 말한다. "네가 학교를 좋아하지 않는

걸 알아. 숙제하기 싫어하는 것도. 지루하고 스타워즈 레고만 갖고 놀고 싶지? 수업 시간이 싫고 학교가 끝나면 뭐 하고 놀지만 계속 생각하는 것도 이해해. 그렇지만 학교에 가야 해. 학교는 꼭 가야 하거든. 미안하구나."

보상은 이렇게 말한다. "하기 싫은 일을 하고 나면 네가 하고 싶은 일을 할 수 있어." 살면서 하기 싫은 일이 많지만 어쨌든 해야 한다. 평일에 열심히 일하면 주말에 놀 수 있고 아침 일찍 일어나 운동을 하면 저녁 식사 후 후식까지 먹을 수 있다. 노력하고 그 대가로 받은 보상이 자신의 성장에 큰 도움이 된다는 사실을 아이들에게 알려주어야 한다.

아이들이 하기 싫어하는 일을 먼저 하게 해보자. 숙제를 다 하고 밖에 나가서 놀고, 공부하고 난 뒤 좋아하는 TV 프로그램을 보고, 운동하고 나서 쉬어야 한다. 몇몇 부모들은 아이들이 학교에서 오자마자 아이들을 쉬게 한다. 이 방법이 효과적인 아이들도 있겠지만 집에 돌아오자마자 너무 즐거운 나머지 계속 놀다 보면 학교생활을 더 억울해하는 아이들도 있다. 아이들이 밖에서 놀거나 레고 놀이를 하고 싶다고 하면 숙제를 하고 나서 놀게 해보자.

가정에서 지능이 어떻게 평가되는가?

아이들을 평가하는데 일곱 가지 지능이 영향을 미친다는 사실을 어떻게 생각하는가? 부모가 학자라면 논리-수학적 지능에 가치를 둘 것이다. 예술가라면 시각-공간 지능에 가치를 두고 운동선수라면 신체-운동학적 지능에 가치를 둔다. 부모가 의사라면 "네가 의사가 되면 좋겠어."라고 말하지 않아도 아이는 의사가 되어야 성공한다고 생각할 것이다. 부모가 예술가라면 아이는 미술 프로젝트에서 우승한 사실을 수학 과제에서 받은 A보다 더 중요하게 생각한다. 아이는 부모가 어디에 가치를 두는지 알기 때문이다.

  내 친구는 어려서부터 아버지에게서 정형외과 의사가 얼마나 대단한지 듣고 자랐는데 결국 정형외과 의사가 되었다. 저녁 식사 때마다 정형외과 의사가 얼마나 똑똑한지, 돈을 얼마나 잘 버는지 이야기하셨던 친구 아버지는 한 번도 정형외과 의사가 되라고 강요한 적은 없었다고 한다. 하지만 집안 분위기는 반드시 정형외과 의사가 되어야 할 분위기였다고 했다. 내 친구는 축구를 열렬히 좋아하는 타고난 운동선수였지만 집안 분위기대로 의사의 길을 선택했다. 40년 후, 친구는 자신이 원하는 인생이 아닌 아버지가 원하는 삶을 살고 있었다.

  성인들 대부분은 부모가 생각하는 가치가 자신에게 어떤 영향을 미쳤는지 잘 알지 못한다. 우리는 어린 시절에 부모님이 허락할 만한 일만 했다. 나는 농구 선수였는데 우리 집에서는 농구 선수를 가치 있게 생각했다. 나는 운동 능력을 타고 났을까? 그렇지 않다. 하지만 운동을 잘해서 얻어낸 보상은 공부하며 받은 보상보다 훨씬 컸다. 대학교 3학년 때 장염에 걸리고 나서 나는 결국 다른 선택을 했다. 살면서 처음으로 벤치에 앉아 농구가 내게 맞지 않는다는 사실을 깨닫고 나서 공부에 몰두했고 운동보다 학업에 더 많은 능력을 갖추고 있음을 알게 되었다.

  부모가 가치를 두지 않는 분야에 아이가 흥미를 느낄 수도 있다. 아이가 부모의 의견을 무시한다는 뜻이 아니라 그저 아이는 자기 나름의 가치를 발견한 것이다. 부모는 학업에 가치를 두는데 아이가 숙제보다 축구를 열심히 한다면 부모의 기대는 깨진다. 아이에게 시험 성적이 좋으면 보상을 받을 것이라고 해도 아이에게는 고등학교 쿼터백이 되는 일이 대학 입학시험에서 만점을 받는 일보다 더 의미 있다. 아이들 스스로 가치를 두는 일을 바꾸기는 힘들다. 특히 아이가 친구들에게 인정을 받으면 더욱더 그렇다. 아이들이 클수록 또래 친구들에게 받는 인정은 부모의 인정 보다 훨씬 더 영향을 끼치기 때문이다.

부모가 생각하는 가치를 숨기지 말고 아이에게 솔직히 말해야 한다. 또한, 아이가 스스로 갖게 되는 가치도 자세히 살펴보아야 한다. 공간-수학적 능력이 뛰어난 아이는 공부에서 좋은 성적을 받고 신체-운동적 지능이 높은 아이는 운동에서 두각을 나타낼 것이다.

능력을 타고난 동시에 의욕적인 아이는 무슨 일이든 해낼 수 있다. 똑똑하고 의욕적인 아이는 일류 대학에 진학할 수 있고, 놀라울 정도로 빠르며 매일 훈련까지 열심히 하는 아이는 육상선수가 될 수 있다. 그렇지만 의욕과 타고난 능력이 항상 함께 움직이지는 않는다.

가끔 아이가 의욕적이지만 타고난 능력은 없을 수 있다. 아니면 능력은 타고났는데 의욕이 없을 수 있다. 여기서 말하는 의욕은 열정, 훈련 그리고 훌륭한 사람이 되겠다는 욕구를 말한다. 불안한 아이들은 대체로 의욕적이며 집중할 수 있는 방법을 찾는다. 그래서 아이들이 스포츠, 음악, 연극 같이 발산할 수 있는 수단을 찾으면 잘 해내고 싶어서 그것에 에너지를 전부 쏟아붓는다. 불안으로 힘든 시기를 보낸 수많은 유명인의 이야기는 전혀 이상한 일이 아니다. 그들은 특정 분야에 타고난 능력과 의욕을 모두 갖고 있었다.

학교에서 지능이 어떻게 평가되는가?

학교에서는 논리-공간적, 언어적, 대인관계 지능에 가치를 둔다. 아이가 글을 잘 읽고, 수학 문제를 잘 풀고, 에세이를 잘 쓰고, 교실에서 잘 생활하는지는 미술이나 운동 혹은 바이올린에 뛰어난 것보다 중요하다. 논리-공간 지능과 언어적 지능은 시험으로 평가되기 때문이다. 이 두 지능은 교사의 책임이고, 표준화 시험의 기본이며, 대학 입학시험에 출제되고, 아이가 어느 대학에 입학할지 결정한다. 이런 지능이 발달한 아이는 학업에는 문제가 없지만, 학업 이외의 학교생활에서 어려움을 겪을 수 있다.

대인관계 지능은 아이가 교실에서 얼마나 잘 생활하는가를 결정한다. 또래 친구들과 잘 지내는지, 선생님을 어떻게 대하는지, 학교생활을 전반적으로 잘 해내는지가 매우 중요하기 때문이다. 특히 대인관계 지능이 부족한 아이에게는 더욱 중요하다. 아이가 다른 학생들에게 피해를 준다면 학업을 힘들어할 때보다 더 빨리 도움을 요청해야 한다. 반대로 얌전한 아이가 학습에 문제가 있는 경우는 아이의 다정한 태도에 가려 보이지 않을 수도 있다. 내가 담임을 맡았을 때 얌전히 공부하는 학생이 있었다. 나는 그 아이가 숙제를 잘할 거로 생각했다. 반면 책상을 연필로 탁탁 치는 산만한 아이는 숙제를 제대로 하지 않거나 집중하지 않으리라 생각했다. 두 아이 모두 문제가 있었지만, 연필을 탁탁 치는 아이가 친구들을 방해했기 때문에 더 빨리 내 주의를 끌었던 것이다.

대인관계 지능이 높은 아이는 주변 친구들과 잘 지내서 선생님에게는 수월한 학생이지만 때때로 학습보다 학교생활에 집중해서 선생님들을 힘들게 하기도 한다. 대인관계 지능이 발달한 아이들은 사교성이 가장 중요하다고 생각해서 종종 거짓말을 하기도 한다. 나는 생활기록부에 "말이 많다"라고 평가된 아이였다. 물론 그때는 옆 사람과 말하는 방법을 배우는 것이 치료 전문가라는 내 직업에 도움이 된다는 사실을 알지 못했다. 하지만 결과적으로 누군가에게 말을 거는 성향이 학교에서는 바람직하지 않지만 내 삶에서는 직업적으로 굉장한 자산이 되었다.

학교에서 중요하게 여기는 가치에 부모도 관심을 가지면 좋지만, 너무 치중하면 아이는 지친다. 학교에서 논리-공간적, 언어적, 대인관계 지능에 집중하던 아이들이 집에서까지 이런 지능을 강요당하면 좌절하고 저항하며 이런 과정에서 아이의 불안은 더욱 커진다.

학교에서 했던 일을 그대로 반복해야 한다면 아이는 학교뿐만 아니라 집에 있는 시간도 억울해할 것이다. 학교에서 보낸 시간을 집에서까지 반복하면 아이의 저녁 시간은 학교생활의 연장이 된다. 그리고 이런 아이들은 종종 자신이 뭘 했는지 정확히 기억하지도 못한다. 왜 9시 30분에 친구와 떠들었는지, 어떻게 간신히 복도를 빠져나왔는지 기억하지 못할 수 있다. 이런 경우, 아이가 제대로 기억하지 못 하는 일을 계속 물어보면 좋지 않다. 아이가 말하지 않으면 담임선생님과 이야기를 나눠보자.

방과 후 발산 수단 제공하기

학교가 끝나고 나면 다른 지능에 집중하는 것이 좋다. 몇몇 아이들은 온종일 수업이 끝나기만을 기다린다. 학교생활이 즐겁지 않아서 집에 돌아와 잠자기 전까지의 시간만을 기다리는 것이다. 이 시간을 마음껏 쓰게 하면 아이들에게는 최고의 선물이다. 미술 수업을 듣거나, 체조를 하거나, 피아노 레슨을 받거나, 축구 경기에 참여하는 등 다른 지능을 실험해 볼 중요한 시간이 될 수도 있다.

의미 있는 활동도 똑똑한 아이들이 불안을 다스리는 데 도움이 된다. '긴장'은 불안의 증상 중 하나인데 자원봉사와 같은 의미 있는 활동이 긴장을 낮춰서 불안을 줄여 준다. 빨리 달리기, 높이뛰기처럼 육체적 활동도 긴장 완화에 도움이 된다. 활동에 적극적으로 참여하면서 느끼는 긍정적 감정도 중요하다. 예를 들어, 금요일에 있을 수학 시험이 걱정되면 목요일 수업이 끝나고 자신이 좋아하는 미술 수업에 갈 수 있다. 그림을 그리면서 행복하고 긍정적인 감정을 느끼면서 불안을 줄이는 것이다.

여러 활동을 시도했는데 아이가 하지 않겠다고 해도 포기하지 말아야 한다. 무료 급식소에서 자원봉사를 하거나 어린아이들을 도와주는 등 공동체에서 일해보는 것도 좋다. 아이는 공동체 활동을 통해 스스로 좋은 사람이라고 느끼고 목적의식을 갖는다. 나와 함께 공동체에서 일했던 아이는 운동 신경은 좋지 않았지만, 동물을 정말 사랑했다. 아이 엄마는 축구 수업에 등록하지 않고 동물 쉼터 자원봉사를 선택했고 아이는 정말로 좋아했다! 그리고 매주 자원봉사 일을 손꼽아 기다렸다.

반드시 기억해야 할 것

똑똑한 아이들은 생각을 한 단계 끌어올리는 자신의 능력을 스스로 선택하지 않았다. 태어날 때부터 갖고 있었다. 이러한 능력이 학교, 운동, 미술 또는 인생 전반에서 훌륭한 자산이 될 수도 있지만, 고통을 주기도 한다. 똑똑한 아이들은 생각을 멈추지 않고 반복하기 때문에 마음이 쉴 시간이 없다. 그래서 더욱더 현명해지고 창의적인 생각을 하게 되지만 계속되는 불안과 힘겹게 싸워야 한다.

2장

불안 이해하기

정신질환 진단 및 통계 편람에서는 6가지 종류의 '불안'을 찾을 수 있다.

* 범불안장애(GAD)
* 사회공포증
* 공황장애
* 특정 공포증
* 외상 후 스트레스 장애(PTSD)
* 강박 장애(OCD)

각각의 불안에서 보이는 여러 징후는 보통 6개월 정도 후에 불안 증상으로 나타난다. 아이들은 몇 주나 몇 달 동안만 불안을 겪기도 하고 간혹 어린 시절 내내 불안을 겪기도 한다. 그래서 아이가 일주일 동안 극심한 불안에 힘들어한다면 불안장애에 시달리는 것은 아닌지 생각해봐야 한다. 이 책은 아이가 진단 가능한 불안 장애를 겪고 있는지 판단하기보다는 두려움을 느끼는 아이들을 도와주는 방법에 초점을 맞춘다. 시간이 지나도 두려움은 사라지지 않으며 부모로서 아이가 두려움을 떨쳐낼 수 있게 도와주는 일이 중요하기 때문이다.

불안의 종류

범불안장애(GAD): 불안에 대한 자극이 없어도 과도하게 걱정하고 긴장한다.

사회공포증: 일상적인 사회 상황을 지나치게 걱정한다. 주로 다른 사람들에게 평가받거나 창피를 당할 수 있다는 걱정을 한다.

공황장애: 아무런 경고 없이 갑자기, 반복적으로 공포를 느낀다. 공황발작의 증상으로는 땀, 가슴 통증, 두근거림(불규칙한 심장 박동), 숨이 막히는 느낌 등이 있다.

특정 공포증: 특정 물체나 상황에 강렬하게 공포를 느낀다. 공포감을 느끼는 상황이나 물체를 피하려는 경향을 보인다.

외상 후 스트레스 장애(PTSD): 갑자기 사랑하는 사람이 죽거나 충격적인 자연재해를 겪은 후 나타난다. 외상 후 스트레스 장애를 앓는 사람들은 두려웠던 사건을 오랫동안 기억하며 감정적으로 무감각한 경향이 있다.

강박 장애(OCD): 특정한 의식이나 일과를 강요하는 끊임없는 생각이나 두려움을 말한다. 불안한 생각을 강박증이라 하고 반복적인 의식을 강박충동이라 한다. 세균에 대한 불합리한 두려움을 가진 사람이 끊임없이 손을 씻는 행동을 예로 들 수 있다.

나는 부모들과 상담을 할 때 아이들의 두려움을 좀 더 폭넓게 이해하게 도우려고 노력한다. 한가지 유형의 불안으로 아이를 진단하지 않고 아이를 자극하는 것들이 무엇인지, 어떻게 아이들 스스로 두려움을 다룰 수 있는지 부모도 이해해야 하기 때문이다. 부모가 아이의 두려움을 더 잘 이해하도록 불안을 두 가지 주요 범주로 나누었다. 사물에서 발생한 불안과 관계에서 발생한 불안이다.

사물에서 발생한 불안

이러한 불안을 가진 아이들은 폭풍우를 두려워하고 병원에 가기를 겁낸다. 또한 총에 맞을까, 다치지 않을까, 누군가 집에 침입하지 않을까 하는 두려움이 있으며 끊임없이 주변 상황을 점검한다. 구름의 상태를 살피거나 침입자 소리가 들리지는 않는지, 마트 주차장에 낯선 사람이 있는지 경계한다.

  이런 아이들은 뉴스도 열심히 본다. 날씨 정보, 테러, 전쟁 그리고 강도당한 집에 대한 뉴스에 관심이 많다. 토네이도가 어떻게 생겨나는지, 여름 방학에 여행 갈 해변에서 쓰나미가 발생하지 않을지 알고 싶어 한다. 또한 인터넷에서 질병이나 자연재해를 없앨 방법을 검색하기도 한다. 이런 아이들은 피해 상황을 경험하지 않는 것이 최선이다. 폭풍우가 지나가고, 병원 진료가 끝나고, 밤새 아무도 침입하지 않음을 확인한 후에야 자신이 안전하다고 느끼기 때문이다. 하지만 살면서 이런 상황들을 피하기는 힘들다. 언제든지 날씨가 나빠질 수 있고 위험한 사람을 만날 수 있으며 갑자기 불이 날 수도 있다. 부모의 도움이 없다면 이런 아이들은 계속해서 긴장하고 두려워할 것이다.

사물에서 발생한 불안을 겪는 아이들을 돕는 방법

상담을 할 때 아이들에게 불안한 순간에 사용할 수 있는 방법을 알려준다. 이러한 방법은 2부에서 자세히 설명하겠지만, 불안한 아이들이 두려운 순간에 이용할 수 있는 '사각 호흡 연습'(방법1)과 긍정적인 생각에 집중할 수 있는 '생각의 전환'(방법3)을 알려준다.

사물에서 발생한 불안을 겪는 아이들은 자신이 남들에게 어떻게 보일지 신경 쓰지 않기 때문에 사람들 앞에서 부적절한 행동을 하지 않게 감정을 조절하는 방법을 알려줘야 한다. 이런 아이들은 마트에서 아무렇지도 않게 떼를 쓴다. 학교에서 소란을 피우며, 부모에게 매달려 소리를 지르고, 복도에서 데굴데굴 구르기도 한다. 느끼는 감정 그대로 행동하는 것이다. 이런 경우, 부모는 아이의 불안보다는 행동을 더 걱정한다. 하지만 아이는 부모의 다리에 매달려 교실까지 질질 끌려가는 행동을 대수롭지 않게 여기기 때문에 사회적 규범을 따르는 방법을 반드시 가르쳐야 한다. 이런 행동은 사회생활에서 아이의 평판에 영향을 미치기도 한다. 보통 아이들은 친구가 교실에서 끌려 나오거나, 부모에게 매달리거나, 차를 기다리며 성질을 내면 그 모습을 잘 기억하기 때문이다.

사물에서 발생한 불안이 특히 높은 아이는 스스로 두려움을 다루는 일이 힘들다. 폭풍우가 두렵다면 폭풍우가 멈출 때까지 눈을 가린 채로 몸을 앞뒤로 흔들지도 모른다. 토네이도를 극도로 두려워한다면 사이렌 소리가 들리지 않을 때까지 배가 아플 수도 있다.

일단 폭풍우가 멈추거나 사이렌 소리가 들리지 않으면 아이들의 감정은 불안을 발생시킨 사건 이전으로 돌아간다. 매우 빠르게 회복

될 수도 있고, 몇 시간이 걸릴 수도 있지만, 이 시간 동안 아이들은 감정을 조절하고 다시 안정을 찾는다.

관계 불안을 겪는 아이들

관계 불안을 겪는 아이들은 사람들 자체를 걱정한다. 친구 관계, 동생이 얼마나 관심을 받는지, 다른 사람들이 자신을 어떻게 생각하는지에 지나치게 집중한다. 누군가 자신을 좋아하지 않는다고 생각하면 그 사실에 너무 집중한 나머지 그 사람이 자신을 싫어하는 표정을 짓는다며 혼란스러워한다. 관계 불안을 겪는 아이들은 다른 사람들에게 관심이 많다. 어떤 옷을 입고, 어떤 행동을 하며, 어떤 신호를 보내는지 금방 알아차린다. 누가 누구와 친한지, '정상'과 '비정상'이 무엇인지, 그리고 그 경계를 넘지 않으려고 노력한다. 생일 파티에서 누구 옆에 앉게 될지, 자신의 새로운 헤어스타일을 사람들이 어떻게 생각할지, 선생님이 자신을 얼마나 좋아할지 걱정한다. 항상 자신이 남들에게 어떻게 보일지 신경 쓰는 것이다.

모든 사람이 자신을 좋아하고, 친구가 많고, 동생이 여름 캠프에 가서 부모의 관심이 자신에게 쏠려 있다면 관계 불안을 겪는 아이들에게는 완벽한 상황이다. 하지만 이런 상황은 쉽게 깨질 수 있다. 누군가 자신을 헐뜯는 말을 하거나, 생일파티에 초대받지 못하면 좋은 날은 끝나는 것이다. 그리고 다시 완벽한 상황으로 돌아갈 때까지 힘든 시간을 보내게 된다.

관계 불안을 겪는 아이들을 돕는 방법

관계 불안을 겪는 아이들은 사물에서 발생한 불안을 겪는 아이들과 성향이 정반대다. 다른 사람들의 생각에 너무 신경을 쓰며 자신의 약점을 숨기려 하고 가족 이외의 사람들이 자신의 행동을 알아차리면 절망한다. 사물에서 발생한 불안을 겪는 아이들처럼 짜증을 잘 내지만 가족 이외의 사람들이 이런 행동을 알아채지 못하길 바란다. 학교 가는 차 안에서는 성질을 부리지만 일단 차에서 내리면 침착하게 행동하고 친구에게 상처를 받아도 아무렇지 않은 척하다가 집에 오면 눈물을 터뜨린다.

관계 불안을 겪는 아이들은 겉으로 보이는 모습에 집중하기 때문에 집에서 더욱더 힘든 시간을 보낸다. 모든 감정을 마음에 모았다가 집에 오면 폭발하기 때문이다. 이런 아이들에게 집은 안전한 사람들만 있는, 불안을 마음껏 표출할 수 있는 곳이다. 안전한 사람이란 무슨 일이 있어도 자신을 받아주는 사람이다. 그렇기 때문에 안전한 부모는 관계 불안을 겪는 아이들에게 매우 중요하다. 온종일 거부당할지도 모른다는 두려움을 갖고 있다가 안전한 집으로 돌아오기 때문이다.

관계 불안을 겪는 아이들은 두 가지를 통합하는 방법을 배워야 한다. 집에서의 자신과 학교에서의 자신. 이 두 모습이 너무 달라서 자신이 진짜 누구인지 혼란스럽기 때문이다. 이런 아이들은 스스로 학교에서는 리더라고 생각하지만, 집에서는 말썽꾸러기라고 생각하며 학교에서는 능력이 있지만, 집에서는 그렇지 않다고 생각한다. 이런 생각은 집에서 더욱더 힘든 시간을 보내게 한다. 왜 집에서는 모든 일이 엉망인지 이유를 알 수 없기 때문이다. 진짜 문제가 무엇인지 알지 못하고 짜증 나게 하는 동생이나 저녁 식탁에 올라온 브로콜리를 탓하기도 한다. 이런 아이들은 자신의 감정을 스스럼없이 밖으로 표출하기도 한다. 이럴 때, '구슬 보상 시스템'(방법6)을 통해 행동을 개선할 수 있다. 보상 시스템은 집에서도 효과가 좋으며 아이의 두 가지 모습을 통합하는 데 도움이 된다.

불안 유발 요인

불안 유발 요인은 아이의 불안을 자극하는 것이다. 불안의 이유를 알면 아이를 도와줄 수 있는 정보의 80%를 얻게 된다. 나머지 20%는 아이가 불안한 시기를 헤쳐나갈 방법이며 이러한 방법들은 2부에서 다룰 것이다.

　모든 사람은 특정한 상황에서 불안을 느낀다. 일이나 돈, 또는 힘들 때마다 계속 전화를 해대는 친구 등 여러 가지 상황이 있을 수 있다. 나는 아이들과 상담을 할 때 이런 불안 유발 요인을 '감정 버튼'이라고 말한다. 우리 모두에게는 감정 버튼이 있다. 그래서 불안을 유발하는 상황과 그 이유를 알면 도움이 될 수 있다.

　아이의 불안이 사회적 상황에서 자극을 받는다면 부모는 아이가 친구 생일 파티에 가기 전부터 이러한 사실을 알고 있어야 한다. 아이가 스스로 상황을 헤쳐나갈 수 있게 '사회적 역할 부여하기'(방법 7)를 적용해 볼 수도 있다. 아이의 불안 유발 요인이 천둥·번개라면 여름방학 여행을 떠나기 전에 미리 날씨를 확인해보는 것도 좋다. 아이를 친구 생일 파티에 보내지 않거나 휴가를 취소하면 아이가 강하게 반발해서 상황이 더 나빠질 수 있으므로 부모는 아이의 불안 유발 요인을 잘 조절해야 한다. 아이가 불안에 자극을 받아서 강하게 반항하면 최대한 긴장을 풀어주면 좋다. 친구 생일파티에 데려다주는 차 안에서 "괜찮니?" 또는 "괜찮을 거야."라고 묻지 말고 최대한 감정적으로 평온한 상태를 유지하게 한다. 아이가 스스로 두렵다고 말하면 좋은 신호다. 아이의 두려움을 끌어내리려고 하지 말고 지금의 상황과 전혀 상관없는 대화를 시도해 보는 것도 분위기 전환에 도움이 된다.

'생각의 전환'(방법3)은 이럴 때 아주 효과적인 방법이다. 아이가 간절히 기다리는 여행이나 재미있는 놀이로 대화를 유도해보자.

아이가 심하게 화를 내면 아이를 감정적으로 떼어놓아야 한다. 부모에게서 완벽하게 분리하라는 말이 아니라 아이를 더 화나게 하지 말라는 뜻이다. 모든 부모는 참을 수 있는 한계가 있다. 그러므로 최대한 평온한 상태를 유지하며 아이의 이야기를 들어주어야 한다.

아이의 불안 유발 사건에 관한 생각을 바꾸려 하지 말고, "네가 두렵다는 거 알아. 네가 스스로 더 나은 방법을 찾아 잘 해내길 바라."라고 공감해 주면 좋다.

부모가 무작정 "즐거운 시간일 거야."라고 말하면 아이는 반항할 수 있다. 아이는 지금 이성적이지 않기 때문이다. 이성을 잃은 사람에게 이성적으로 행동하라고 요구하는 것은 효과적이지 않다. 아이는 부모까지 자신이 겪고 있는 감정 상태로 끌어내리려고 할 것이다. 아이들은 화가 나면 부모도 화가 나길 원하기 때문이다. 하지만 이렇게 되면 문제만 더 심각해지므로 아이가 자신의 불안을 스스로 잠재울 때까지 기다려주자.

불안한 아이들은 불안 요인이 나타나면 과거의 일까지 기억해 낸다. 감정은 서로서로 들러붙는 경향이 있어서 한 가지 일에 화가 나면 모든 것에 화가 나는 것이다.

이런 아이들은 불안을 유발하는 장소에 가면서 형제자매와 다툰 일을 기억해내기도 한다. 아이가 지난번 부모가 데리고 갔던 곳이 얼마나 끔찍했는지 말할지도 모른다. 그리고 자신들은 하고 싶지 않았는데 부모가 시켜서 했던 일들을 말하기도 한다. 이러한 말에 절대 말려들어서는 안 된다. 아이의 감정을 조용히 들어주어야 한다. "지금 생일파티에 가는 건 너야, 내가 아니라고," 라는 말을 하지 않기 위해 노력하자. 이런 말은 상황을 더욱 악화시킬 뿐이다.

불안의 초기화

불안의 초기화란 불안 상태의 반복을 말한다. 마침내 아이가 천둥·번개에 대한 두려움을 이겨냈다고 생각했는데 먹구름을 보고 또다시 공포에 빠질 수 있다. 아이가 죽음에 대한 공포를 이겨냈다고 생각했는데 새벽 3시에 엄마를 꼭 끌어안으며 엄마가 죽을까 봐 너무 무섭다고 말하기도 한다. 이런 상황에 부모들은 지칠 대로 지친다. 불안의 초기화를 겪는 데에는 두 가지 이유가 있다.

1. **아이들은 불안한 이유를 모른다.**
아이들은 자신이 불안한 이유를 알지 못하는 때가 있다. 새벽 2시, 갑자기 심장이 뛰고 배가 아프다. 아무 문제가 없는데 잠이 오지 않고 마음이 안정되지 않는다. 이 시간 동안, 불안한 아이들은 자신의 감정을 알아내려고 본능적으로 불안의 초기화 방법을 이용한다. 예전에 걱정했던 기억을 끄집어내서 지금 왜 이런 감정을 느끼는지 이유를 찾아내려고 한다.

부모는 처음에 이렇게 반응한다. "어머! 또 시작이야!" 하지만 두려워하지 말자. 불안은 오고 가는 것이다. 지금 아이가 두려워한다는 사실이 중요하다. 당황하지 말고 두려움을 영원히 사라지게 할 무언가를 찾으려고 하지 말자. 그저 아이와 함께 지금을 견뎌내야 한다.

2. **아이들은 지나치게 정신적 에너지를 쓰려고 한다.**

불안한 아이들은 정신적 에너지가 충분하다. 아이들은 항상 생각하고 있지만 집중하지 않을 때는 정신적 에너지를 과도하게 써버릴 불안의 초기화를 선택한다. 이런 상황은 병원 진료를 기다리면서 핸드폰을 보는 것과 비슷하다. 그것밖에 할 일이 없기 때문이다. 시간을 보낼 일을 찾다가 핸드폰을 선택하듯이 불안한 아이들도 마찬가지다. 에너지가 충분해서 이 에너지를 쏟을 곳이 필요한 것이다. 아이에게 너무 시간이 많다면 '시간표 작성하기'(방법8)를 사용해보자. 이 방법을 통해 아이들은 정신적 에너지를 표출할 수 있으며 불안의 초기화를 겪지 않게 된다.

일반적 불안의 초기화		
죽음	진료 예약	학기 시작 및 종료
질병	지구 온난화	천둥·번개
성장	학업성취도 검사	자연재해

위의 표는 대부분 불안한 아이들이 항상 생각하는 것들이다. 지난 몇 년간 불안한 아이들은 성장하고, 질병을 얻고, 죽음에 이르는 피할 수 없는 인생의 3가지 요소를 계속 걱정해 왔다. 이런 걱정에는 특별한 해결책이 없기 때문에 아이들은 마음속으로 시나리오를 만든다. 엄마가 죽는다면, 자신이 죽는다면, 또는 키우던 강아지가 죽는다면 등 시나리오를 만들며 이 시나리오들이 현실에서 일어날 수도 있다는 사실을 정확히 인지한다.

아이가 죽음을 걱정한다고 해서 아이의 기분을 좋게 하려고 누구도 죽지 않는다고 확신을 주는 것은 바람직하지 않다. 그저 아이의 기분을 인정해주면 된다. "네가 이런 일로 걱정이라니 마음이 아프구나. 어떻게 하면 너에게 도움이 될까?" 이런 식으로 아이의 두려움에 접근하면 부모와 아이는 공감하게 되고 무모한 약속 없이도 아이를 도울 수 있다.

병원 진료, 시험 그리고 학교의 학기 시작 및 종료도 아이들을 불안하게 한다. 피할 수 없는 일이기 때문에 불안한 아이들은 굳이 시간을 내서 불안해한다. 천둥번개, 자연재해 그리고 지구 온난화도 마찬가지다. 천둥번개가 잦은 지역에 사는 불안한 아이들은 천둥번개를 걱정한다. 지진이나 산불 또는 폭우를 경험한 아이들도 이러한 사건들을 걱정한다. 뉴스에 많이 나오거나 친구들 사이에서 화제가 되는 걱정거리들을 선택하는 것이다. "우리 엄마는 지난주 그 토네이도 때문에 큰일 날 뻔했어."라는 친구의 말에 불안한 아이는 몇 달 동안 토네이도 걱정에 밤잠을 이루지 못한다.

떼쓰는 아이

불안 유발 요인으로 불안이 치솟은 아이는 자신의 감정 탱크를 비우고 싶을 때 떼를 쓴다. 떼를 쓰는 행동 자체는 아이의 불안 요인을 유발하지 않는다. 자신의 감정을 표현하는 방법일 뿐이다. 치과에 가기 싫은 아이는 잠옷을 갈아입는 문제로 투정을 부릴 수 있다. 잠옷을 갈아입는 행동이 불안을 유발하지 않지만 아이는 치과에 갈 일이 너무 두렵기 때문에 잠옷을 미끼로 떼를 쓰면서 자신의 불안을 표현하려는 것이다.

간혹 아이들은 긴 하루를 보내고 지쳤을 때 자신의 요구가 충족되지 않으면 떼를 쓰기도 한다. 샤워 중에 갑자기 물이 너무 차갑다고 하거나, 음식이 너무 짜다고 하거나, 치약이 딱딱하다고 트집을 잡기도 한다. 이때 부모가 어떻게 반응해야 할지 알아야 한다. 물의 온도를 조절한다고 해도 아이들은 만족하지 않기 때문이다.

아이가 괜한 떼를 쓴다면 한발 물러나서 아래 3가지 질문을 해보자.

1. 아이가 배가 고픈가?
2. 아이가 피곤한가?
3. 아이가 아픈가?

세 가지 질문 중 하나라도 '그렇다'라는 답이 나오면 지금 아이의 마음 상태는 이성적이지 않다.

이성적 마음 상태란 아이가 생각하면서 판단할 수 있음을 말한다.

이성적 상태에서 아이는 이렇게 생각한다. "내가 목욕을 하지 않는 다고 하면 문제가 생길 거야." 그리고 굳이 문제를 일으킬 필요가 없 다고 판단을 한다. 하지만 이성적 상태가 아니라면 판단하고 싶지 않거나 어쩌면 아예 그런 판단에 신경 쓰지도 않을 것이다. 아이는 자신의 감정 탱크가 텅텅 비거나 다른 배출구를 찾을 때까지 계속 목욕을 하지 않겠다고 떼를 쓴다.

위의 세 가지 질문에 '아니다'라는 답이 나오면 더욱 감정적으로 문제를 다루어야 한다. 아니면 이 책의 목적인 불안의 문제로 봐야 한다. 불안한 아이들은 부모에게 떼를 쓰며 자신의 감정을 표출하고 이것은 종종 심리 탈진으로 이어지기도 한다.

심리 탈진 후, 아이들은 더는 감정에 휘둘리지 않기 때문에 기분 이 더 나아졌다고 느낀다. 아이들의 몸과 마음이 평온해지는 것이 다. 기분이 좋아진 아이들은 사과하거나 자신이 했던 행동을 혼란스 러워한다. 불안한 아이들이 심리 탈진 후 "내가 왜 그랬는지 모르겠 어."라고 말하는 이유다. 사실 그 말이 맞다. 아이들은 왜 자신이 그 렇게 행동했는지 잘 알지 못한다. 아이들은 자신의 감정 탱크가 가 득 차서 배출구가 필요했다는 사실을 알지 못하고 그저 감정이 고조 되었다고 생각할 뿐이다.

불안과 예민함

불안한 아이들은 대부분 매우 예민하며 이런 성격적 특성은 대체로 타고나는 것이다. 부모들과 상담을 할 때 대부분의 부모는 아이가 옷, 소음, 일정 변화, 신체 접촉에 민감하게 반응한다고 말하며 "내 아이가 불안한 걸까요?"라고 묻는다. 이런 아이들의 경우 단지 한 가지 불안으로 힘들어하는 경우는 거의 없다. 불안과 ADHD(주의력 결핍 과잉 행동 장애), 불안과 심리 문제가 동시에 나타나며 지금 말하고자 하는 불안과 예민함도 그중 하나다.

정신과 의사이자 『감정의 자유』 저자인 주디스 올로프 Judith Orloff 는 예민함을 이렇게 표현했다. "10개가 아닌 50개의 손가락으로 무언가를 만지는 느낌으로 보통 사람보다 더 많이 느낀다." 하버드 심리학자인 제롬 케이건 Jerome Kagan은 유아 중 약 10~20%는 태어나면서부터 새로운 자극에 쉽게 흥분하고 불안해한다고 말한다. 이렇게 극도로 예민한 유아들은 자신을 보호하고자 새로운 경험을 피하는 불안한 아이로 자랄 가능성이 높다고 말한다.

고도로 예민한 아이들은 보통의 아이들과는 다른 방식으로 불안을 처리한다. 아이마다 불안 경험이 다르기 때문에 부모들은 아이가 불안을 어떻게 처리하는지 반드시 이해해야 한다. 그리고 이러한 이해는 올바른 자녀 양육에 영향을 준다.

3장

불안을 처리하는 방법

부모1 "아이가 말을 안 해요. 뭔가 이상한데 말을 안 하니 어떻게 해야 할지 모르겠어요."

부모2 "아이가 두려움에 대해 끊임없이 얘기해요. 제가 어디 가는지 하루에 50번도 넘게 묻고, 화장실 문을 두드리며 언제 나오냐고 자꾸 물어봐서 화장실도 제대로 갈 수가 없어요."

두 부모는 똑같이 7살 아이를 키우는 이웃이다. 아이들은 같은 학교에 다니며 부모들의 양육 방식도 매우 비슷하다. 그런데 왜 부모1의 아이는 불안을 말하지 않고 부모2의 아이는 계속 말할까? 아이들이 완전히 다른 방식으로 불안을 처리하고 있기 때문이다. 부모1의 아이는 내향적 처리자로 자신의 두려움을 숨기고 부모2의 아이는 외향적 처리자로 기분이 좋아지려고 두려움을 이야기한다.

감정을 처리하는 방법

아이들의 감정 처리 방법을 이해하기 위해서는 먼저 어른들이 어떻게 감정을 처리하는지 알아야 한다. 잠시 시간을 갖고 여러분의 친구들을 생각해보자.

문제가 있을 때 전화를 하는 친구가 있다. 친구는 최대한 빨리 이야기를 하고 싶어서 전화가 연결되자마자 자신의 문제를 말한다. 친구는 겪었던 일을 모두 털어놓으며 울고 웃고 소리까지 치면서 모든 감정을 드러낸다. 그 친구에겐 조언이나 설득이 필요하지 않다. 그러다 갑자기 마음이 진정된 친구는 전화를 끊으려고 한다. 당신이 말을 하든 안 하든, 그 친구에게는 당신이 듣고 있었다는 사실이 중요하다. 이런 친구가 바로 외향적 처리자다.

이제 문제가 있을 때 거리를 두는 친구를 생각해보자. 이 친구는 어느 날 갑자기 모습을 보이지 않으며 모임에도 참석하지 않는다. 전화나 이메일 답장도 항상 늦고 어떻게 지내는지 물으면 "괜찮아." 또는 "별로 얘기하고 싶지가 않네."라고 답한다. 친구는 당신뿐 아니라 다른 친구들과도 거리를 둔다. 그러다 시간이 지난 후, 친구는 다시 모습을 보인다. 그리고 저녁 모임에서 자신이 이혼 중이라고 말하거나 아들이 현재 문제아 기숙학교에 있다고 말한다. 이 친구는 아주 무미건조하게 말할 수도 있다. 감정이 거의 사라져 안정된 상태이기 때문이다. 이런 친구가 바로 내향적 처리자다.

이런 두 사람과 친구라면, 문제가 생길 때마다 친구 관계에 변화가 있을 것이다. 외향적 처리자인 친구는 항상 이야기하길 원하기 때문에 감당하기 벅찰 수 있다. 또한, 친구의 문제를 들어줄 시간이 없어서 그 친구의 전화를 받지 않을 수도 있다. 내향적 처리자인 친구는 연락을 끊기 때문에 그 친구에게 상처를 받거나 단절감을 느껴 친구가 다시 연락을 해와도 예전처럼 친해지기 어렵다.

자, 당신은 어느 쪽인가?

문제를 이야기하는가 아니면 혼자 생각하는가? 배우자에게 화가 났을 때 바로 화를 표출하는가 아니면 머리가 맑아질 때까지 혼자 감정을 추스르는가?

이러한 이해는 부모가 감정을 처리하는 방법을 아이에게 똑같이 기대하기 때문에 중요하다. 내향적 처리자인 부모는 왜 외향적 처리자인 아이가 항상 이야기하는지 이해하기 어렵다. 반대로 외향적 처리자인 부모도 내향적 처리자인 아이가 말을 하지 않는다는 사실을 받아들이기 힘들 것이다.

부모와 자녀가 감정을 처리하는 방식에 차이가 있다는 사실을 반드시 이해해야 한다. 외향적 처리자인 부모는 내향적 처리자인 아이에게 자꾸 질문하지 말아야 한다. 아이가 말로 감정을 다루지 않기 때문이다. 마찬가지로 내향적 처리자인 부모는 인내심을 갖고 외향적 처리자인 아이의 문제를 들어야 한다. 좌절하거나 성급히 충고하지 말고 그저 가만히 아이의 문제를 들어주자. 이처럼 부모는 항상 아이의 성향을 이해하고 아이와 소통할 기회를 찾아야 한다.

부정적 감정 소통과 긍정적 감정 소통

먼저 부정적 감정을 처리하는 방식을 알아보자. 평소 매우 수다스러운 사람이 정작 문제가 생겼을 때 모임에 나가지 않거나 입을 다물어 버릴 수 있다. 사교적인 사람이라고 해서 반드시 외향적 처리자가 되지 않는다.

내향적 처리자도 마찬가지다. 조용한 사람이 반드시 내향적 처리자는 아니다. 내향적 처리자 중에도 힘든 시간을 보낼 때 전화해서 이야기하는 사람들이 있다. 이런 사람들은 평소 잡담을 즐기지 않기 때문에 안전하다고 생각하는 사람에게 연락해서 요점을 말하고 다 털어놓은 후에는 기분 좋게 통화를 마친다. 겉모습만 보고 감정을 처리하는 방식을 판단해서는 안 된다.

아이들이 부정적인 감정을 처리하는 방법
아이들은 자기중심적이며 자신의 감정을 객관적으로 보지 못한다. 또한 아직 미성숙하기 때문에 극단적으로 감정을 처리하기도 하며 주변에서 발생하는 일에 즉흥적으로 반응할 수밖에 없다. 게다가 자신의 감정을 받아들이는 일 자체만으로도 벅차서 자신의 행동이 다른 사람에게 부정적인 영향을 끼칠 수 있다는 사실을 이해하지 못한다.

외향적 처리자인 성인은 자신이 한 시간 내내 말하고 있다는 사실을 인지하지만, 외향적 처리자인 아이는 그렇지 않다. 자신이 계속해서 말한다는 사실을 모르기 때문에 기분이 좋아질 때까지 모든 감정을 발산한다. 혼자 자기 방에 가는 게 무서운 아이는 "같이 갈래요?"라고 스무 번도 넘게 계속 물어보고 친구 생일 파티에 가기 싫은 아이는 아무런 거리낌 없이 반복해서 생일 파티에 대해 말할 것이다.

내향적 처리자도 마찬가지이다. 내향적 처리자인 성인은 혼자만의 시간이 필요하다고 생각해서 약속된 모임을 취소한다. 결혼 생활이 어떻게 되어가는지, 왜 자녀가 정학당했는지 물어보는 사람들을 피해 조용히 감정을 정리한다. 그러나 내향적 처리자인 아이는 다르다. 아이들은 스스로 일정을 조절할 수 없기 때문에 자신을 괴롭히는 일에서 도망칠 수 없다. 형제자매가 있는 아이들은 문제가 더 심각해지기도 한다. 아이가 방으로 가면 형제자매가 따라가고 아이가 "날 좀 내버려 둬"라고 말해도 잘 협조하지 않기 때문이다. 혼자만의 시간을 확보한 내향적 처리자도 스스로 가장 편하게 느끼는 방식으로 감정을 표출한다. 행동을 통해서다. 아래의 예시를 살펴보자.

내향적 처리자 - 샘(8살)
샘은 동생이 태어나기 전까지 행복했다. 샘은 3년 동안 부모의 사랑을 한 몸에 받았지만, 동생이 태어나자 모든 게 달라졌다. 행복하고 즐거운 아이였던 샘은 툭하면 화를 내는 공격적인 아이가 되었고 항상 동생을 탓했다. 동생을 질투하는 샘의 마음은 공격성으로 나타났고 부모는 샘을 동생과 단둘이 둘 수 없다고 판단하기에 이르렀다. 부모는 샘을 꾸짖었고 샘은 문제아가 되었다. 샘은 동생에 대한 진심을 표현하지 못한 채 공격적인 행동을 보였고 결국 부모는 상담을 신청했다.

처음 샘의 부모는 샘이 항상 화가 나 있고 공격적이며 짜증을 잘 낸다고 말했다. 하지만 샘의 학교 선생님들은 샘을 '극찬'했다. 샘은 훌륭한 리더이고 문제가 될 만한 행동을 하지 않는다고 말이다. 부모는 샘이 학교와 집에서 다르게 행동한다는 사실을 걱정하며 혹시 샘이 반항적 장애 성향을 가진 것은 아닌지 두려워했다.

처음 샘을 만났을 때 샘은 자신의 기분을 전혀 몰랐다. 샘은 감정 테스트에서 25개의 감정 카드 중 자신의 마음 상태를 반영하는 감정 카드 3개를 구별해내는 것조차 매우 힘들어했다. 몇 번의 상담

후, 샘은 조금 수월하게 자신의 감정을 구별했지만, 여전히 '화가 난다'거나 '흥분된다' 같은 극단적인 감정만을 선택했다. 미묘한 감정을 다루기 어려워하는 샘은 '질투' '좌절' '혼란' 같은 감정은 선택하지 않았다.

내향적 처리자들은 미묘한 감정을 잘 구별하지 못한다. 다양한 감정들로 머릿속이 가득 차서 '화가 난다'거나 '흥분된다' 같은 큰 감정만 알아챈다. 그래서 동생에게 미묘한 질투를 느꼈던 샘은 이 감정을 구별하지 못하고 무조건 화를 내면서 자신의 마음을 표현한 것이다. 특히, 부모의 사랑과 관심을 잃을까 봐 끊임없이 두려워하는 관계적 불안을 가진 아이들에게 질투는 언제나 뿌리 깊은 공포다.

나는 샘에게 질투심을 구별하는 방법과 질투심으로 인해 불안해진 마음을 다스리는 방법을 알려주었다. 부모에게는 샘의 감성 지능 향상을 위해 '감정 확인하기'(방법15)를 매일 함께하도록 했다. 샘에게는 감정을 메모지에 쓰게 했다. 자신이 직접 쓴 감정 메모를 엄마에게 보여주면 감정적 의사소통 능력이 높아지기 때문이다. 이때, 엄마가 감정을 표현한 샘에게 고맙다는 답장을 쓰면 효과적이라고 조언했다. 내향적 처리자는 말보다는 글로 소통할 때 자신의 마음을 전달하기가 더 쉽다. 샘의 엄마는 샘과 주고받을 일기장을 샀고 시간이 지나면서 샘의 행동은 나아지기 시작했다. 샘은 자신이 그토록 원했던 긍정적인 관심을 받는 방법을 알아낸 것이다.

외향적 처리자 - 잭(8살)
잭은 태어난 지 6개월 만에 말을 하기 시작했고 지금도 여전히 자신의 모든 상황을 말로 표현한다. 잭은 끊임없이 부모를 대화에 끌어들이며 1박 캠프가 얼마나 무서운지 말하고 또 말한다. 또 학교생활이 점점 힘들어져서 전문가와 이야기를 해야 할 것 같다고 말한다. 잭은 이미 여러 번 학교에서 상담사와 상담을 했다. 그런데도 집으로 돌아오는 차 안에서 잭은 말을 멈추지 않아 엄마는 여동생도 말할 수 있게 잭의 말을 끊을 정도다.

잭은 최근에 괴물이 나오는 만화를 본 후 겁에 질려 있다. 집에 혼자 있기를 싫어하고 엄마가 어디 있는지 계속 물어보며 혼자 잠들기가 무서워 엄마와 함께 자고 싶어 한다. 하지만 아무리 안된다고 말해도 결국 한밤중에 엄마를 찾아온다. 잭의 부모는 너무 지쳐서 어떻게 해야 할지 모르는 상황이다.

잭은 처음 나를 만나자마자 왜 자신이 이곳에 있는지 말했다. "전 걱정이 너무너무 많아요." 잭이 앉기도 전에 한 말이다. 내가 감정을 선택해 보라고 하자, 잭은 잠자는 게 무섭고 걱정이 점점 심해진다며 걱정, 혼란, 압도됨을 선택했다. 그리고 다섯 가지 감정을 더 선택하며 15분 동안 그 감정들을 설명했다. 놀라운 일이 아니다. 외향적 처리자는 자신의 감정을 표현하는 데 매우 능숙하기 때문이다. 하지만 외향적 처리자는 감정 표현과 처리에 너무 집중한 나머지 이전보다 걱정이 더 많아지는 경향이 있다.

나는 잭의 걱정에 경계선을 만들어야 했다. 잭은 감정을 공유하며 이야기 나누는 것을 좋아했지만 감정 공유만으로 상황이 나아지지는 않는다. 잭은 자신의 감정을 표현하는 방법과 그 감정을 어떻게 다루어야 하는지 배울 필요가 있었다. 잭은 감정 공유에는 능숙했지만, 행동(방법을 적용하는 것)은 서툴렀다. 나는 잭의 엄마에게 '다섯 가지 질문 규칙'(방법4)을 알려주어 잭의 질문에 경계를 설정하게 했다.

잭과의 상담은 감정을 이야기하고 방법을 적용하는 식이었다. 예를 들어, 잭이 감정에 벅차 할 때 잭에게 '오직! 오늘 일만 담는 접시'(방법12)를 알려주어 잭의 기분이 좋아질 수 있게 구체적인 전략을 세웠다. 계속 자신의 감정만 이야기했다면 잭은 불안을 해소하는 꼭 필요한 방법을 알 수 없었을 것이다. 시간이 지나면서 잭은 자신이 어떤 감정을 느낄 때 무엇을 해야 하는지 알게 되었다. 잭은 이제 힘을 얻은 것이다. 여전히 말하고 싶어 하지만 이제는 부정적인 감정은 말하지 않으려고 노력하며 일상을 이야기하기 시작했다.

내향적 처리자 아이와의 분리

내향적 처리자는 혼자 감정을 처리하려고 해서 부모들은 종종 아이와 감정적으로 단절됐다고 느낀다. 아이에게 무슨 일이 일어나고 있는지 모른다면 부모는 두려울 것이다. 실제로 내향적 처리자 아이의 부모들은 아이가 어떤 상태인지 모르는 경우가 많다. 아이는 화가 났을 때 혼자서 끙끙거리지만, 그 이유는 말하려고 하지 않는다. 부모가 감정적으로 아이에게 접근하면 내향적 처리자 아이들은 부모를 밀어낸다. 부모는 아이에게 무슨 일이 있는지 추측하는 방법밖에 없다. 부모는 아이가 마음을 열길 바라지만 아이는 그럴 생각이 없다. 하지만 걱정하지 마라. 부모에게 마음을 열지 않고 말하지 않는 이유는 그저 그게 더 편하기 때문이다. 내향적 처리자 아이들은 사랑받고 있다는 느낌이 필요할 때 어떻게 표현해야 하는지 잘 모른다. 그래서 자신과 공감하고 싶어 하는 부모에게 제대로 반응하지 못한다.

외향적 처리자 아이를 향한 집중

외향적 처리자 아이는 정반대다. 외향적 처리자 아이들은 부모가 먼저 떼어놓으려고 할 정도로 무조건 부모와 함께하려고 한다. 자신의 하루를 이야기하든, 두려움에 대해 말하든 외향적 처리자 아이들은 항상 부모와 말할 거리를 찾는다. '엄마''엄마''엄마'는 외향적 처리자 아이를 둔 부모가 가장 많이 듣는 말이고 질문을 듣다 듣다 어떤 시점에선 참지 못하고 폭발해버린다. 결국 아이의 형제자매는 관심을 덜 받는다고 생각하고 부모는 이쯤 되면 외향적 처리자 아이에게 경계선을 만들어 줄 수밖에 없다.

외향적 처리자 아이는 누구보다 관심을 원한다. 내향적 처리자 아이는 행동으로 표현하지만, 외향적 처리자 아이는 말로 표현한다. 외향적 처리자 아이는 자신의 기분이 어떤지, 토요일에 무엇을 하고 싶은지, 생일을 어떻게 보내고 싶은지 확실하게 알려준다. 또한 친구 케이트에게 얼마나 상처를 받았는지도 자세히 말해 준다. 매일 케이트에게 받은 상처를 말하는 아이 덕분에 부모는 이제 아이와 똑같은 감정을 느낀다.

여기서 바로 집중이 시작된다. 아이가 케이트에게 상처받았다는 말을 들은 후로 엄마는 케이트를 딸에게서 멀어지게 하는 일에 집중하게 된다. 점점 더 케이트에게 화가 나고, 케이트의 엄마에게 전화해서 케이트가 내 딸에게 얼마나 상처를 주는지 말하고 싶어진다. 엄마는 오로지 딸의 감정을 지지하기 위해 이렇게 행동한다. 마침내 아이가 케이트와 충분히 멀어졌다고 생각될 때 아이는 가장 어이없는 행동을 한다. 케이트와 다시 친구가 되고 싶다니! 말이나 되는가!

결국, 아이는 부모가 떼어놓으려고 했던 사람과 친구가 되고 싶어 하는 것이다. 그 친구에게서 아이를 떼어놓는 데에 너무 많은 시간과 에너지를 쏟은 부모는 왜 아이가 스스로 불구덩이로 들어가는지 이해되지 않는다.

진심으로 감정을 이입해 버린 부모는 이제 아주 곤란한 상황에 빠졌다. 단지 아이가 친구와 사이좋게 지내길 바랐는데 한 편의 드라마에 빨려 들어간 것이다. 케이트를 생각하면 밤에 잠도 오지 않던 엄마는 이제 아홉 살짜리를 상대로 그렇게 행동한 자신이 바보처럼 느껴진다. 엄마가 너무 감정적으로 집중한 것이다. 부모의 감정 집중은 아이가 스스로 갈등을 해결하는데 전혀 도움이 되지 않는다.

더욱 깊은 이해를 위해

이제 내향적 처리자와 외향적 처리자의 차이점을 더욱 자세히 살펴보고 어떻게 공감하고 소통할 수 있는지 알아보자. 아래 표는 내향적/외향적 처리자의 주요 차이를 보여준다.

내향적 처리자	외향적 처리자
생각하며 문제를 해결한다	말하며 문제를 해결한다
행동으로 의사소통한다	말로 의사소통한다
감정을 부인한다	감정을 과장한다
다른 사람을 탓한다	자기 자신을 탓한다

내향적 처리자와 외향적 처리자의 성향은 정반대다. 서로 완전히 다른 마음가짐과 행동으로 상황을 처리한다. 다음 사항을 보며 더 자세히 살펴보자.

1. 문제를 해결하는 방법
2. 의사소통하는 방법
3. 감정을 다루는 방법
4. 비난에 대처하는 방법

문제를 해결하는 방법

내향적 처리자는 스스로 문제를 해결한다. 혼자서 해결방법을 생각하고 타인의 도움 없이 해결책을 찾아낸다. 내향적 처리자가 옆에 있는 사람을 일부러 밀어내는 것이 아니다. 단지 그게 문제해결에 효과적이기 때문이다. 내향적 처리자는 생각을 정리하기 전까지 누구와도 말하려 하지 않으며 하루, 일주일 또는 한 달 정도의 불안 주기가 끝나면 스스로 해답을 찾는다.

외향적 처리자는 외부에서 문제를 해결한다. 불안해지면 가장 안전하다고 생각되는 사람, 주로 부모에게 불안이 사라질 때까지 계속 말을 한다. 극도의 불안감을 느끼면 끊임없이 그 두려움에 대해 말하고 해결책을 찾아도 시도하려고 하지 않는다. 외향적 처리자는 두려움을 말로 표현하는 일이 해답을 찾는 것보다 중요하다고 생각한다. 따라서 부모가 외향적 처리자 아이에게 조언을 해도 아이는 듣지 않거나 도움이 되지 않는다고 우기기도 한다. 그래서 문제 해결 방법을 알려주려고 하지 말고 아이가 안정될 때까지 아이의 말을 들어주는 것이 중요하다. 아이의 마음이 진정되면 몇 가지 제안을 해볼 수 있겠지만 대체로 외향적 처리자는 긴 시간 동안 계속 이야기하며 스스로 문제를 해결한다.

의사소통하는 방법

내향적 처리자는 행동으로 소통한다. 말보다는 행동으로 보여주는 방법을 택하는 것이다. 아이마다 불안을 '표현하는' 방법은 다양하다. 어떤 아이들은 파괴적인 행동으로 불안을 표출하고 감정 탱크가 가득 찬 아이는 아주 사소한 일에 자극을 받는다. 아이는 치과 진료가 무섭다고 말하지 않지만, 치과에 가는 내내 소리를 지르고 피아노 연주회에서 연주할 일이 걱정이라고 말하지 않지만, 연주회 전날 갑자기 동생에게 싸움을 걸기도 한다.

부모와 거리를 두는 행동으로 불안을 표출하기도 한다. 평소에 좋아했던 놀이도 하지 않으려고 하며 뭐가 문제인지 물어봐도 대답하지 않는다. 모든 문제가 정리될 때까지 자신의 감정을 스스로 생각하려는 것이다.

반대로 외향적 처리자는 소통하는 데 아무 문제가 없다. 부모가 물어보지 않아도 자신이 얼마나 걱정이 많은지, 무서운지, 질투가 나는지, 먼저 이야기한다. 친구의 생일파티에 초대받지 못해 얼마나 슬픈지, 언제 토네이도가 올지 몰라 무서운지 등 문제가 해결될 때까지 말하기를 멈추지 않는다.

외향적 처리자는 문제가 해결되면 다음 단계로 넘어간다. 바로 이 부분이 외향적 처리자 아이를 둔 부모에게 가장 힘든 시기다. 앞서 말했듯이, 외향적 처리자 아이는 부모가 특정 문제에 감정적으로 집중하게끔 부모를 '끌어들인' 후에 자신은 바로 다음 걱정으로 넘어가 버리기 때문이다. 코치를 무서워했던 아이가 드디어 축구팀을 그만두게 되었을 때, 아이는 갑자기 이제 코치가 무섭지 않다고 말한다.

감정이 어떻게 전달되는지 보자.

내향적 처리자 아이 → 생각 → 부모
외향적 처리자 아이 → 부모

내향적 처리자 아이는 스스로 생각을 해본 뒤 부모에게 걱정거리를 말한다. 외향적 처리자 아이는 이런 단계가 없다. 생각하지 않고 바로 부모에게 말한다. 그렇기 때문에 외향적 처리자 아이가 말하는 것에 과민하게 반응할 필요가 없다. 말은 많이 하면 할수록 과장되기 마련이고 이런 아이들은 의미 없는 말을 많이 하기 때문이다.

감정을 다루는 방법

내향적 처리자는 감정을 부정한다. 감정을 이야기하는 게 어렵기 때문이다. 내향적 처리자 아이와 감정 테스트를 할 때 내가 꼭 명심하는 사실이 하나 있다. 나는 아이와 달리 외향적 처리자이며 이야기를 좋아한다는 것이다. 그래서 나는 내향적 처리자 아이와 상담할 때 항상 이런 상상을 한다. 내가 상담치료사로부터 "100개의 단어만 사용해서 자신의 상황을 설명할 수 있어요. 하고 싶은 말을 곰곰이 생각해 보는 게 좋을 거예요."라는 말을 듣는 상황을 말이다. 고작 100개라니! 단어 1,000개를 사용해도 부족할 게 분명하기 때문에 나는 매우 당황할 것이다.

반면에 내향적 처리자 아이는 내가 1,000개가 넘는 단어를 사용해서 이야기해보라고 하면 당황한다. 무슨 말을 해야 할지 모르기 때문이다. 이런 경우 난 상황을 최대한 간단하게 정리한다. 아이에게 감정 카드 중 하나를 선택하고 왜 그렇게 느끼는지 말해달라고 한다. 아이는 카드 하나를 고른 후에 "전 _____하다고 느껴요. 왜

냐하면 _____기 때문이에요."라고 말만 하면 된다. 내가 "부모님이 이혼한 걸 어떻게 생각해?"라고 묻기보다 백배 낫지 않은가! 이런 질문은 내향적 처리자 아이에겐 너무 두렵고 광범위하다.

내향적 처리자 아이는 감정이 해결되면 이야기를 시작한다. 피아노 연주회가 끝나고 나서야 "긴장했었어요."라고 말하거나 농구 대회가 끝나고 나서 "어제 잠도 못 잤어요."라고 말한다. 부모는 아이가 아무 말도 하지 않아서 괜찮다고 생각했을 수 있다. 아니면 아이가 이상해 보였을 수도 있다. 아이에게 괜찮은지 물어봐도 아이는 아무 일도 아니라고 했을 것이다. 아이가 자신의 기분을 말한다고 해도 아무렇지 않게 말하기 때문에 종종 부모는 상황이 얼마나 심각한지 알지 못한다.

외향적 처리자는 감정을 과장한다. 삶이 얼마나 힘든지, 부모가 자신의 기분을 얼마나 상하게 했는지 주저 없이 말한다. 외향적 처리자는 "넌 몰라!"라는 말을 달고 산다. 그 말이 진짜일 수도 있다. 그렇게까지 불안해하는 이유를 아무도 모를 수 있기 때문이다. 그런데도 외향적 처리자 아이가 말을 하면 그저 묵묵히 들어주자.

하지만 계속 이야기하는 아이를 지켜보는 일이 쉽지는 않다. "그렇게까지 나쁘진 않아."라고 많은 부모가 외향적 처리자 아이에게 말하지만 아이는 절대로 이 말에 동의하지 않는다. 자신의 감정이 스스로 느끼기에 너무 버겁기 때문이다.

비난에 대처하는 방법

내향적 처리자는 남을 탓하곤 한다. 잘못되는 것을 싫어하고 실수를 인정하지 않으며 문제가 발생하면 종종 형제자매를 탓한다. 형제자매는 내향적 처리자가 주로 타깃으로 삼는 대상인데 그 이유는 첫째, 가장 안전한 상대이고 둘째, 자신을 짜증 나게 하기 때문이다. 부모나 친구를 탓하기보다 더 쉽기도 하고 형제자매를 탓하면 잃을 것이 거의 없다는 사실도 이미 알고 있다.

내향적 처리자는 왜 화가 났는지 몰라서 남을 탓한다. 생각이 머릿속에서 뒤죽박죽으로 섞여 있기 때문이다. 아이는 기분이 좋아지길 바라지만 어떻게 해야 할지 모른다. 남을 탓하면서 문제에서 벗어나고 비로소 약간의 안도감을 느낀다.

외향적 처리자는 자신을 탓한다. "할 수 없어", "너무 어려워", "너무 무서워", "난 못해"라고 말하며 자신을 의심한다. 외향적 처리자는 혼자서 상황을 수습할 수 없다고 생각하며 실제보다 자신을 더 무능하게 여긴다. 상황은 절대 나아지지 않고 자신은 절대 괜찮아지지 않을 것이며 삶은 언제나 투쟁이라고 생각한다.

'내가 해냈어요! 리스트'(방법5)나 '구슬 보상 시스템'(방법6)을 사용하면 이런 외향적 처리자 아이의 성향을 바꿀 수 있다. 아이에게 힘을 주고 자신을 긍정적으로 바라볼 수 있게 도와주기 때문이다.

아이가 감정을 처리하게 돕는 방법

내향적/외향적 처리자 아이들의 생각과 행동 방식을 알았으니 이제 부모가 도울 방법을 알아볼 차례다. 내향적 처리자 아이가 소통하고 외향적 처리자 아이가 스스로 문제를 해결할 수 있게 해야 한다. 내향적 처리자 아이가 소통할 수 있게 돕는 방법부터 시작해보자.

내향적 처리자가 소통할 수 있게 돕는 방법

쉽지 않겠지만 내향적 처리자 아이의 행동 원인을 찾지 못했다고 걱정하지 말자. 이런 아이들은 결국에는 마음을 연다. 하지만 평범한 방법으로는 내향적 처리자 아이들의 마음을 열지 못한다. 부모는 아이가 마음을 열기 바라며 계속 질문을 한다. 그렇지만 아이가 대답하지 않으려고 한다면 질문을 멈춰야 한다. 특히 아이가 화가 났을 때는 침묵이 힘이다. 아이는 질문에 대답하지 않는 행동으로 주도권을 잡으려고 할 것이다.

내향적 처리자 아이가 마음을 열게 하려면 아이의 행동이나 말에 주목하지 말고 대화의 주제를 바꿔야 한다. '생각의 전환'(방법3)이 좋은 예다. 부모가 아이에게 깊은 관심을 두고 있다는 느낌을 주면서 대화의 주제를 바꾸면 아이도 자연스럽게 따라간다. 그런 다음 다시 돌아와서 상황을 해결하자. 이런 방법으로 내향적 처리자 아이는 침착하게 자기 생각을 정리할 수 있다. 아래는 대화의 방향을 바꾸는 좋은 예시다:

아이: 발표회에 가기 싫어요!
부모: 그래.
아이: 가기 싫다고요!
부모: 그래 나도 들었어. 그것보다 발표회가 끝나고 뭐할까?
아이: 네? 뭐 할건데요?
부모: 예전에 갔던 아이스크림 가게 기억하지?
아이: 네. 우리 거기 가요?
부모: 당연하지! 발표회 끝나고 갈 거야.

내향적 처리자 아이에게 상황에 맞는 이야기를 해주는 것도 좋다. 이야기를 듣는 동안 자신이 아닌 이야기 속 인물에 집중하기 때문이다. 책에서 본 이야기도 좋고 부모가 직접 만든 이야기도 좋다. 어느 쪽이든 내향적 처리자 아이는 이야기 속 인물과 공통점을 느끼면 마음을 열 준비를 한다.

나는 내향적 처리자 아이와 상담을 할 때 비슷한 문제를 가진 다른 아이의 이야기를 들려주곤 한다. 그러면 아이는 갑자기 그 이야기에 관심을 보이고 이야기 속 아이의 기분을 좋아지게 하는 방법을 알려주고 싶어 한다. 나도 생각하지 못한 정말 훌륭한 아이디어들이 쏟아진다! 내향적 처리자 아이는 다른 아이를 도와줄 방법을 생각하면서 자신의 경험을 털어놓고 이 과정에서 아이의 불안을 조금이나마 엿볼 수 있게 된다.

나는 상담 중, 아이에게 이런 이야기를 들려주었다. "내가 정말 걱정이 많은 아이를 알고 있는데, 그 애는 자기 침대 밑에 괴물이 살고 있을까 봐 얼마나 무서워하는지 몰라. 매일 밤 그 괴물이 침대 위로 손을 뻗어 자기 발목을 움켜쥘 거라고 걱정한단 말이지. 도와줄 방법을 찾고 싶은데 어떤 방법이 좋을지 잘 모르겠구나."

아이는 갑자기 내 이야기에 푹 빠졌다. 자신도 괴물을 무서워하기 때문에 이야기 속 아이와 자신을 동일시하며 어떻게든 돕고 싶어 했다. 아이는 자신도 괴물을 무서워한다는 사실을 인정하고 다른 아이를 돕기 위해 여러 가지 방법을 제시했다. "스탠드 등이라도 켜 놓으라고 말해주세요.", "괴물이 진짜가 아니라고 말해주세요."라고 방법을 말하는 아이에게 나는 "정말 좋은 생각이구나. 그런 방법이 너에게도 통할까?"라고 말했다. 나는 아이에게 이야기를 들려주었을 뿐인데 아이는 스스로 해결방법을 찾은 것이다.

'걱정 전문가'(방법14)를 이용해 부모가 어릴 적 무서웠던 경험을 아이에게 이야기해 주거나 아이의 걱정거리와 비슷한 문제를 다루는 책을 읽어도 도움이 된다. 그 책들이 아이가 두려움을 극복하는 방법을 자세히 알려주지 않더라도 아이와 함께 책을 읽고 부모의 이야기를 들려주면 아이는 스스로 자신의 감정을 객관적으로 바라보게 된다. 다른 사람들도 같은 문제로 불안해한다는 사실을 알게 된 아이는 더는 혼자라고 느끼지 않게 되고 불안을 극복하기 위해 노력할 것이다.

외향적 처리자가 경계를 배우게 하는 방법

외향적 처리자 아이에게는 감정의 경계선을 알려주어야 한다. 이 과정에서 아이는 자신을 달래는 방법을 배우고 진정하게 되면서 스스로 문제를 해결한다. 2부에서 나올 '걱정 시간'(방법2)과 '다섯 가지 질문 규칙'(방법4)은 경계선을 알려주는 방법이다. 아이의 고민을 주제로 한 시간 넘게 이야기를 나누는 일은 부모뿐 아니라 아이에게도 좋지 않다. 또한 아이가 걱정거리를 말할 적절한 시간과 장소를 알려주어야 한다. 부모가 끓는 물이 담긴 냄비를 들고 있거나 교통체증이 심한 도로에서 운전하고 있다면 아이의 고민을 제대로 듣고 해결해 줄 수 없지 않은가. 경계선을 알려주면 아이는 참고 기다리게 된다. 경계선을 알고 참고 기다리는 방법을 배운 아이는 부모와의 대화를 잘 받아들이기 때문에 매번 부모에게 달려가지 않고도 스스로 두려움을 처리하는 방법을 알게 된다. 이렇게 스스로 감정을 처리하게 되면 자신감이 점점 더 높아질 것이다.

소통을 최대한 활용하자

내향적/외향적 처리자 아이 모두에게 대화는 문제를 해결하기 아주 좋은 방법이다. 아이는 부모가 자신에게만 집중하길 바라기 때문이다. 나는 더 나은 소통 방법을 묻는 부모들에게 아이들과 함께 차에 있을 때 휴대전화를 무음으로 해 놓으라고 말한다. 차를 타고 이동하는 시간은 아이에게 집중할 수 있어서 이야기하기 좋다. 그러니 휴대전화를 무음으로 해놓고 아이와 대화를 나누자.

아이와 단둘이 시간을 보내는 것도 효과적이다. 내향적 처리자 아이는 종종 집에서 멀리 떨어진 곳에서 자전거를 타거나 토요일 오후에 아이스크림을 함께 먹을 때 마음을 열기도 한다. 아이에게는 대화를 시작할 시간과 공간이 필요하며 부모와 단둘이 있을 때는 아주 좋은 기회가 된다. 외향적 처리자 아이도 마찬가지로 이런 시간이 필요하다. 외향적 처리자 아이가 감정을 말로 잘 표현한다 해도 아이는 여전히 부모의 관심을 온전히 받고 싶어 한다. 아이들은 부모와 단둘이 시간을 보낼 때, 자신에게 일어난 일을 부모와 공유할 기회를 얻는다.

어떻게 불안을 해소할까?

우리는 불안의 시대에 살고 있다. 유명 연예인들이 불안과 싸우는 모습과 항불안제 광고를 흔히 볼 수 있으며 서점에는 불안과 관련된 책이 넘쳐난다.

왜 이렇게 불안한 걸까? 어떤 연구자는 스트레스로 가득한 이 사회를 탓하고 다른 연구자는 유전학, 기술의 발전, 미디어를 탓한다.

지금 우리는 정보의 홍수 속에 살고 있으며 이런 정보는 너무나도 유혹적이다. 이렇게 많은 정보를 접하면서 사는 현재, 불안한 아이를 양육하는 것은 과거와 어떻게 다를까? 아마도 장단점이 있을 것이다.

장점: 어느 때보다 정보가 많다. 클릭 한 번이면 불안에 대한 수천 개의 기사를 접한다. 단 5분 만에 전 세계 부모들이 가입한 부모지원 단체에 가입할 수 있으며 불안을 치료하는 약물, 각종 치료법 등을 찾아볼 수 있다. 오늘날 부모는 그 어느 때보다도 정보가 많다.

단점: 아이들은 그 어느 때보다 엄청난 양의 정보에 노출되어 있다. 아이들이 알 필요가 없는 정보에 대해서도 말이다. 아이에게 뉴스를 못 보게 해도 아이의 몇몇 친구들은 뉴스를 본다. 부모가 24시간 감시하지 않는다면 아이는 결국 부모가 원하지 않는 정보에 노출된다.

자녀의 불안을 해소하는 방법

불안해하는 모든 아이가 치료사와 상담할 필요는 없다. 또한 정신과 의사를 만나거나 약물치료를 받을 필요도 없다. 외부의 도움을 구하기 전에 이 책을 읽어보면 도움이 될 것이다. 부모가 도와주면 아이들의 불안이 사라질 수도 있다. 올바른 정보와 방법만으로 아이의 불안감이 극적으로 사라지기도 한다. 이 책을 읽고 여러 방법을 시도해본 뒤에도 여전히 아이에게 도움이 필요하다면, 아이와 부모를 도울 아동 심리치료사를 찾는 것도 방법이다. 이 장에서 어떤 방법이 있는지 알아보자.

한 명의 치료사가 모든 것을 해결할 수는 없다

불안을 치료하는 심리치료사 찾기는 어렵지 않다. 불안은 상담 치료의 가장 큰 이유이며 미국에서도 가장 많이 다루는 정신건강 장애다. 실제로 불안장애가 있는 사람은 그렇지 않은 사람보다 의사를 찾아갈 확률이 3~5배 높다. 불안을 치료하는 심리치료사를 찾기는 쉽지만, 아이들을 치료하는 심리치료사는 찾기가 쉽지 않다. 심리치료는 대화 치료에서 시작되며 문제를 "말하는 것"에 중점을 둔다. 이 방법은 어른들에게는 효과가 있지만, 아이들에게는 큰 효과가 없다. 아이들을 상담하려면 아동 발달에 대한 전문 교육을 받아야 하고 성인을 상담 치료하는 사무실과 전혀 다른 환경을 조성해야 한다. 현재는 아동기 불안 상담 의뢰가 증가하면서 아동 치료를 전문으로 하는 심리치료사의 수요가 증가하는 추세다.

어린이의 뇌는 성인의 뇌와 어떻게 다른가

아동 심리치료사들은 어린이의 뇌가 어떻게 작용하는지 잘 알고 있다. 그래서 발달상 말하기를 싫어하는 단계에 있는 아이들이 자신의 문제를 '말하기'를 기대하지 않는다. 아이들과 대화로만 의사소통하려고 하면 아이들에게 너무 많은 걸 기대하게 된다. 아이들은 어른처럼 생각할 수 있는 인지 능력이 부족하다. 그래서 내가 아무리 노력해도 여덟 살짜리 아이는 자신의 불안에 대한 내 의견을 받아들일 수 없다. 어린이와 성인의 뇌는 완전히 다르다. 어린이의 뇌가 어떻게 작용하는지 이해하기 위해 피아제의 인지발달이론을 살펴보자.

피아제의 인지발달이론

1. **감각운동기**: 0~2세 아이는 육체적 활동을 한다. 이 시기의 지식은 신체적 상호작용과 경험에 기초하므로 아주 제한적이다.
2. **전조작기**: 2~7세 아이는 믿음을 갖게 되고 과거와 미래의 차이를 이해할 수 있다. 인과관계와 같은 복잡한 개념은 학습되지 않았다.
3. **구체적 조작기**: 7~11세 아이는 구체적인 사물과 관련된 상징을 이해할 수 있다. 외부 사건을 인식할 수 있고 자기중심적 성향이 줄어든다. 구체적인 언어 활동도 가능하다.

> **4. 형식적 조작기**: 11세 이후 청소년과 성인은 추상적인 개념을 이해할 수 있다. 여러 가지 변수를 체계적인 방법으로 생각할 수 있고, 가설을 세울 수 있으며, 추상적인 관계와 개념을 생각할 수 있다.

아동 심리치료사는 이러한 단계를 고려하여 치료한다. 아이가 8살이면 아이는 구체적 조작기 시기에 맞게 행동할 것이다. 피아제의 인지발달이론은 아이들이 현재 자신이 속한 단계에 해당하는 개념을 파악할 수 있다고 말한다. 그래서 8살 아이가 추상적인 문제로 힘들어하면 구체적인 물체를 제시해야 한다.

아이가 괴물을 걱정한다면 진흙으로 괴물을 만든 뒤 뭉개버리면 된다. 종이에 괴물을 그린 후, 그 종이를 찢어도 좋다. 괴물로부터 자신을 보호할 수 있는 팔찌를 만들고, 침대 위에 걸 수 있는 괴물 금지 표지판을 만든다. 이렇게 구체적인 방법으로 추상적인 문제를 겪는 아이들을 도울 수 있다. 결국 괴물은 아이가 만들어낸 이미지일 뿐이지 않은가. 아이는 구체적인 활동을 통해 보이지 않는 두려움에서 벗어나 스스로 통제권을 가져야 한다. 두려움이 눈앞에 존재하면 아이는 그 두려움을 때리고 찢을 수 있다. 결국 두려움을 물리칠 힘을 얻게 되는 것이다.

치료 선택권

아이들은 치료를 받으며 불안을 관리하는 방법을 배우고 두려움을 공유할 수 있는 안전한 장소를 갖는다. 치료 과정은 아이가 겪고 있는 문제에 따라 적게는 6주부터 길게는 1년까지 이어질 수 있다. 단순한 불안에 힘들어하는 아이는 불안을 줄이는 방법을 배우면서 빨리 좋아질 수 있지만, 아이가 낮은 자존감, 분노 조절, 충동 조절로 어려움을 겪는다면 치료 과정은 훨씬 더 길어질 수 있다.

이제 아동 치료법을 자세히 알아보자.

놀이 치료

놀이 치료는 보통 3~12세 아이들에게 효과가 좋다. 간혹 청소년들도 말보다 모래 상자로 소통하는 방법을 선호하기도 한다. 놀이 치료는 놀이와 장난감이 아이들의 언어라는 믿음에서 시작되었다. 아이들은 놀이하면서 문제를 해결할 때 가장 잘 소통한다. 놀이 치료에는 크게 두 가지 유형이 있다. 비지시적 놀이 치료와 지시적 놀이 치료이며 많은 치료사가 한 상담 안에서 두 가지 접근법을 모두 사용한다. 비지시적 놀이 치료를 하는 동안 아이들은 장난감과 여러 가지 재료(모래, 점토, 마커 등)를 자유롭게 선택하고 마음껏 사용할 수 있다. 비지시적 놀이 치료에서 치료사는 이 치료가 아이와 관계가 있음을 알려 주기 위해 "공룡이 화가 났듯이 너도 화가 났구나"라는 말을 하며 아이의 놀이를 '추적 관찰'한다.

지시적 놀이 치료에서 치료사는 특정 장난감이나 활동을 선택해서 제시한다. 예를 들어 치료사는 불안해하는 아이에게 '걱정이 될 때 마음을 진정시킬 방법'을 알려주고 아이가 상담 후에도 그 방법을 사용하기를 권한다. 나는 불안한 아이를 상담할 때 불안 감소 방법과 같은 지시적 치료로 시작해서 마지막 15~20분은 아이들이 선택한 행동을 할 수 있는 비지시적 놀이 치료로 마무리한다. 아이들은 종종 비지시적 놀이 치료 중에 자기 생각과 감정을 쉽게 드러내기도 하는데 놀이가 아이들에게 편안한 환경을 만들어 주기 때문이다.

아동 심리치료사의 상담실에서는 다양한 재료들을 볼 수 있다. 인형이 매달린 나무, 미니어처로 가득한 선반, 점토, 마커, 치료 게임판 등이 사무실에 가득하다. 아이들을 상담하려면 일반적인 상담실과는 전혀 다른 환경이어야 한다. 성인을 상담하는 심리치료사도 10대 아이들을 상담할 수는 있지만 연령에 맞는 장난감 없이 어린이들과 상담하기 어렵기 때문에 12세 미만의 아이는 피하는 경우가 많다.

놀이는 플라톤 시대(기원전 429-347년)부터 중요하게 생각되었다. 플라톤은 "1년을 대화하기보다 1시간 놀이를 하면 그 사람을 더 잘 알 수 있다."고 했다. 아이를 상담할 심리치료사를 찾는다면 심리치료사의 경력을 자세히 알아봐야 한다. 또한 놀이 치료가 아이에게 어떻게 도움이 될 수 있는지 부모도 스스로 공부해야 한다.

받아들임과 마음 챙김

아동 심리치료사들은 아이들에게 두려움을 없애려고 하지 말고 받아들이라고 말한다. "난 너무 무서워서 밖에 나갈 수 없어."라고 생각하는 아이에게 그 생각을 인정하고 긴장을 푸는 방법을 알려주는 것이다.

수잔 카이저 그린랜드 *Susan Kaiser Greenland*의 책 『마음 챙김 놀이』는 아이들이 자신의 상황을 제대로 인지하고 외부 세계에 덜 반응하는 방법을 알려주어서 선생님과 부모 모두에게 큰 도움을 준다. 예를 들어, 배 위에 인형을 둔 채 숨을 쉬거나 건포도 한 알을 5분 동안 먹는 활동은 아이들이 천천히 무언가를 할 수 있는 방법을 알려준다. 마음 챙김은 오랫동안 성인 심리치료에 사용되어 왔고 이제는 아이들 상담 치료에도 사용되고 있다. 나는 상담할 때 아이에게 걱정이 있으면 걱정에 이름을 붙이라고 한다. '불안에 이름 붙이기'(방법11)를 통해 아이들이 '걱정 월터'처럼 걱정에 이름을 붙여 불안을 객관화하도록 한다. '걱정 월터'가 찾아왔을 때 아이의 기분이 어떤지, 아이의 몸이 어떻게 변하는지 또는 '걱정 월터'가 떠났을 때 어떤 느낌인지 이야기를 나누면 아이는 어깨의 긴장을 풀고 이제 배가 아프지 않다며 웃기 시작한다. 이 방법은 아이들이 불안할 때와 그렇지 않을 때 느끼는 감정을 잘 알려준다. 불안은 파도처럼 갑자기 밀려올 수 있기 때문에 불안한 아이들은 갑자기 찾아온 걱정에서 벗어나는 법을 반드시 배워야 한다.

    나는 아이들과 상담할 때 인지 전략, 받아들임, 마음 챙김 방법을 모두 사용한다. 다양한 문제로 힘들어하는 아이들을 여러 가지 방법으로 상담하는 것이 효과적이기 때문이다. '생각의 전환'이 효과적인 아이도 있지만 '사각 호흡 연습'이나 '불안에 이름 붙이기'에 잘 반응하는 아이들도 있다. 그러므로 불안한 아이들에게는 다양한 방법을 가르쳐야 한다. 아이들은 스스로 자신에게 맞는 방법을 찾아서 선택할 것이다.

약물치료

불안한 아이의 부모는 아이가 약을 먹어야 하는지 매우 궁금해한다. 약물치료는 중요한 결정이어서 신중하게 생각해야 한다. 약물치료는 아이들의 기분과 행동을 개선해서 집과 학교에서의 생활을 훨씬 수월하게 해준다. 약물치료를 받는 아이의 부모는 아이가 부모의 말을 잘 들으며 전반적으로 긍정적인 변화가 생겼다고 말한다. 하지만 여전히 많은 부모가 약물치료에는 주저한다. 나는 불안한 아이의 부모와 상담할 때, 심리 치료를 먼저 받을 것을 권한다. 3개월이 지난 후에도 아이가 여전히 불안에 시달린다면 부모에게 '3가지 중 2가지 규칙'을 한번 사용해 보라고 설명을 한다.

3가지 중 2가지 규칙

아이가 인생에서 중요한 다음의 세 가지 중 두 개에서 힘들어하면 약물치료를 고려해봐야 한다. 이것이 내가 가진 약물치료의 기준이다.

1. **학교**: 학업과 품행 태도가 포함된다. 아이가 학습, 집중, 수업 참여에 어려움을 겪는다면 학교를 취약 영역으로 간주해야 한다.
2. **가정**: 규칙을 따르고, 부모와 형제자매를 존중하며, 자제력을 유지하는 능력이 포함된다.
3. **친구**: 우정을 유지하고, 사회적 모임에 참여하며, 사회적 상황에서 적절하고 편안하게 행동하는 능력이 포함된다.

아이가 세 가지 모두에서 어려움을 겪고 있다면 아이는 혼자 감당하기 벅찰 것이다. 이런 아이에게는 자신감을 높이고, 힘을 불어넣어 주며, 기분이 좋아지게 할 무언가가 필요하다. 그 무언가가 없다면 상황은 점점 나빠진다. 아이가 집과 학교에서 잘 지내지 못하면 다른 어디에서도 잘 지낼 수 없다. 여기에 친구 문제까지 발생하면 아이는 어찌할 바를 모른다. 이렇게 상황이 안 좋아지면 약물치료는 긍정적인 방향으로 아이를 이끄는 데 도움이 된다. 내 정신과 의사 친구는 약물치료가 "불안의 부피를 줄이는데" 도움이 된다고 말한다. 아이가 엄청난 불안을 느끼고 있을 때 그 불안감의 부피를 10 정도라고 해보자. 꾸준한 약물치료는 불안의 수준을 이성적으로 생각할 수 있는 수준인 5로 낮출 수 있다.

학교생활을 힘들어한다면 특히 잘 살펴보아야 한다. 학교생활은 학업과 사회적 상황을 모두 포함하고 있어서 여기서 문제가 발생하면 위험할 수 있다. 아이가 학교에 가지 않고 친구까지 잃으면 단순히 학교생활에서만 문제가 발생한 것이 아니라 학교와 친구, 이 두 가지 문제가 동시에 발생한 것과 마찬가지다. 특히 학교에 가기 싫어하는 아이에게 약물치료는 아이를 학교에 보낼 수 있는 가장 빠른 방법이다. 물론 학교의 참여도 중요하다. 학교에서 아이의 불안이 발생할 때, 선생님의 적극적인 도움이 큰 차이를 만들기 때문이다.

조각들을 하나로 모으기

일단 아이가 불안하다는 사실을 알게 되면 퍼즐 조각을 맞춰 나가는 것부터 시작해야 한다. 관련 서적을 읽고, 선생님 혹은 학교 상담사와 이야기를 해보고, 전문가와 테스트해보고, 아동 심리치료사에게 연락해보자. 부모는 이 모든 조각을 모아서 잘 살펴보아야 한다.

학교와 협력하기

아이의 불안 원인이 학교라면 집에서도 이 문제를 알고 있다는 사실을 선생님에게 확실히 알려야 한다. 사람들은 도움을 받을 수 있다는 사실을 안 순간부터 이미 상황이 나아졌다고 생각하기 때문이다. 마찬가지로 부모가 아이의 문제를 정확히 인지하고 있다는 사실을 선생님이 알게 되면 선생님은 이미 상황이 좋아지고 있다고 생각해서 아이와의 학교생활이 더욱더 수월해질 것이다.

학교생활을 힘들어하는 아이를 둔 부모는 아이의 학교생활을 알아야 할 필요가 있다. 아이가 어떤 일에 영향을 받았는지, 부모가 어떻게 도울 수 있는지 더 잘 알 수 있기 때문이다. 시험 전에 아이가 불안해하면 시험이 시작되기 전에 '사각 호흡 연습'(방법1)을 해보라고 알려주고 친구 관계를 걱정하면 같은 반 친구들과 주말에 놀 수 있게 약속을 잡을 수도 있다.

학교 상담사도 불안한 아이들에게 큰 도움이 된다. 학교 상담사는 치료 상담을 하지 않지만, 아이와 일대일 상담이나 그룹 상담을 하면서 아이가 학교생활에 적응하게 돕는다. 그래서 선생님은 수업 시간에 지나치게 불안해하는 학생이 있으면 학교 상담사에게 도움을 요청한다. 친구 문제가 있거나 부모와 떨어지는 데에 어려움을 겪는 아이들도 학교 상담사에게 도움을 받는다. 나는 8년 동안 학교 상담사로 일하면서 수업 중에 갑자기 불안해진 아이들에게 대화 상대가 필요하다는 사실을 알게 되었다. 선생님들은 수업 시간에 다른 학생들을 가르쳐야 하지만 학교 상담사는 아이들과 단둘이 대화를 나눌 수 있다.

올바른 심리치료사 찾기

심리치료사들이 아이들을 상담할 때 사용하는 방법은 다양하다. 심리치료사가 아이와 맞는지 알고 싶다면 아이가 상담실을 찾기 전에 부모가 먼저 심리치료사를 만나보는 것이 좋다. 심리치료사의 정보와 치료 방법을 미리 알게 되면 아이와 잘 맞는지 어느 정도는 파악할 수 있기 때문이다.

그래도 아이와 심리치료사가 잘 맞는지 확신이 서지 않는다면 최소한 세 번 정도 상담을 받아보길 권한다. 아이가 첫 번째 상담을 끝낸 후 긍정적인 반응을 보이면 심리치료사와 잘 맞는 것이다. 하지만 첫 번째 상담 후에 아이가 아무런 반응을 보이지 않으면 두 번 정도 상담을 더 받아보고 결정해도 늦지 않다. 세 번째 상담 후에도 아이에게 긍정적 반응이 없다면 상담 방법을 변경하도록 요청하거나 다른 심리치료사를 찾아보자.

아이에게 치료에 대해 말하기

새로운 사람을 만나서 평소 부모에게만 했던 이야기를 나눈다는 사실은 불안한 아이에게 걱정이 될 수밖에 없다. 이 걱정은 몇 주 동안 이어지기도 한다. 그래서 부모는 다음과 같이 말해야 한다. 첫째, 상담일 바로 전날 아이에게 알린다. 상담일 삼 주 전에 말하면 아이는 삼 주 동안 계속 걱정한다. 물론 아이가 치료를 받고 싶어 한다면 일찍 말해도 상관없다. 상담 약속을 미리 알게 된 아이는 안도감을 느끼기 때문이다.

두 번째, 긍정적이고 재미있는 언어를 사용한다. "네가 계속 불안해하는 이유를 알아봐야겠어. 전문가와 이야기를 좀 해봐야겠으니어서 가자."라고 말하지 말고 "네가 느끼는 감정을 이야기할 수 있는 정말 멋진 사람을 만났어! 장난감도 많다고 하니 재미있을 거야."라고 말하자. 여기서 장난감이 중요하다. 놀이 치료 상담에서 말했듯이, 장난감은 아이들을 편안하게 해준다.

목표 설정하기

합리적인 목표를 세워야 한다. 아이가 평상시에 자주 불안을 느낄 때 그 불안이 영원히 사라지길 바라는 것은 합리적이지 않다. 아이의 유전적 기질이 아이를 불안하게 하기 때문이다.

불안해하는 아이에게 합리적인 목표란 두려움에도 불구하고 행동 하는 것이다. 아이들은 무서워도 교실에 들어간다. 주사가 무서워도 어쨌든 진료실에 들어가고 부모가 너무 보고 싶겠지만 1박 캠프에 간다. 아이들은 두려움에 맞서고 극복하는 법을 배울 수 있다. 도망가는 대신 "좀 무섭긴 한데 그래도 갈래."라고 말하는 것이다.

두려움을 극복하면 아이의 자신감은 매우 높아진다. 무슨 일이든 할 수 있다고 믿으며 스스로 강해졌다고 느낀다. 이렇게 믿고 생각하면 정말로 어떤 일이든 할 수 있다. 불안한 아이들이 이런 힘을 얻을 수 있는 유일한 방법은 두려움을 피하지 않고 극복하는 것이다.

자신감이 높아진 아이도 여전히 두려움을 느낄 수 있지만 그 두려움이 아이의 행동을 방해하지는 않는다. 아이는 두려워도 자신이 원하는 행동을 할 수 있는 자신만의 방법을 알기 때문이다.

마지막 퍼즐 조각

어떤 부모들은 심리치료사를 찾고, 적합한 평가 테스트를 해보며, 학교와 협조하고, 아이에게 약물치료를 한다. 또 어떤 부모들은 그중 한두 가지만 한다. 부모가 어떤 결정을 하던 아이가 적절한 지원을 받는다면 어린 시절의 불안은 나아질 수 있다. 이 책의 2부에서 소개하는 방법들도 한번 사용해 보길 바란다. 불안을 관리하는 방법을 알려주는 심리치료사를 찾는 것도 좋고 상황이 나아지지 않는다면 충분한 상담을 통한 약물치료도 좋은 방법일 수 있다. 어떤 치료 방법이 우리 아이에게 잘 맞을지 모르겠다면 아동 심리치료사와 상담해야 한다.

지능과 불안의 충돌

똑똑한 아이를 둔 부모는 대부분 자신의 아이가 다른 아이보다 훨씬 감정적이고 변화를 힘들어한다는 사실을 알고 있다. 하지만 아이가 왜 자기 침대에서 혼자 자려고 하지 않는지, 왜 부모에게 집착하는지, 왜 다른 아이들은 무서워하지 않는 것을 무서워하는지는 이해하지 못한다. 아이가 영재반에서 수업을 듣는다면 그 압박감을 견디기 힘들 수 있다. 그래서 숙제를 하기 싫어하고 친구가 없다고 불평하며 떼를 쓰기도 한다.

똑똑한 아이를 키우는 일은 생각보다 쉽지 않다. 실제로 재능이 있는 아이는 일반 아이보다 사회적, 정서적 문제가 발생할 가능성이 2배나 높다. 부모들은 아이의 지적 수준을 높이려고 애쓰지만, 아이의 감정에 무슨 일이 일어나고 있는지 모르기 때문이다. 아이의 발달 단계에서 이 문제에 대한 답을 찾아보자.

비동기 발달

비동기 발달은 똑똑한 아이들에게 복합적인 영향을 미치고 있다. 비동기 발달이란 무엇일까?

비동기 발달은 지능과 불안이 충돌할 때 나타난다. 아동 발달 모습을 살펴보면 더욱 자세히 알 수 있다. 여섯 살 아이를 예로 들어보자. 여섯 살 아이는 그 나이의 아이처럼 보고, 생각하고, 느껴야 한다.

평균적인 여섯 살 아이의 발달은 다음과 같다.

신체적 발달 – 6
지적 능력 – 6
감정 성숙도 – 6

이 여섯 살 아이는 또래와 키가 비슷하고, 자신의 이름을 정확하게 쓸 줄 알고, 간단한 수학 문제를 풀 수 있으며 자리에 얌전히 앉아 친구들과 잘 어울린다. 그래서 학교생활에 별문제가 없고 학교생활이 힘들다고 느껴도 충분히 잘 이겨 낸다. 한 친구와 사이가 나빠지면 다른 친구를 사귈 수 있다. 이런 아이는 교사에게 아주 수월한 학생이다.

그러나 여섯 살 아이가 발달 과정에서 불일치를 경험하거나 비동기적으로 발달하면 문제가 발생한다. 또래보다 키가 작으면 키에 불안을 느낄 수 있고, 감정 성숙도가 아홉 살 정도라면 교실 분위기를 이해하지 못할지도 모른다. 지적 능력이 열 살 정도라면 좀 더 어려운 개념을 이해할 수 있지만, 그 개념을 감정적으로 받아들일 준비는 되어 있지 않다. 이러한 비동기 발달을 아래 두 가지 상황에서 자세히 살펴보자.

아이 1

신체적 발달 - 6
지적 능력 - 9
감정 성숙도 - 6

이 아이는 앞서 말한 평균적인 여섯 살 아이와는 다르다. 키는 또래 친구들과 비슷하지만, 자신의 이름을 읽고 쓰고 간단한 수학을 푸는 대신 해리포터 5권을 읽는다. 이 아이는 죽음이 누구에게나 닥칠 수 있으며 토네이도는 차갑고 따뜻한 공기 덩어리가 충돌할 때 발생한다는 사실을 이해한다. 지적 능력이 3년이나 앞선 아이는 여섯 살 아이가 감정적으로 감당하기 힘든 지적 개념들을 처리한다.

아이 2

신체적 발달 - 6
지적 능력 - 9
감정 성숙도 - 4

이 아이는 여섯 살처럼 보이고 아홉 살처럼 사고하며 네 살처럼 행동한다. 1번 아이는 지적으로만 발달했지만, 이 아이는 지적으로 발달한 동시에 정서적으로는 지체되었다. 지적 능력과 감정 성숙도의 차이가 5년이나 된다. 그래서 아이는 학교 시험에서 95점을 받지만 왜 자신이 화가 났는지 설명하지 못한다. 어려운 수학 문제를 풀지만 원하는 과자를 사주지 않는다고 마트 주차장에서 아기처럼 떼를 쓰기도 한다. 동생을 때리고 괴물을 무서워하며 첫 축구 연습에 갈 때는 조바심을 내며 불안해하기도 한다.

이러한 불일치는 아이의 감정 상태를 엉망으로 만든다. 아이는 왜 친구들이 자신을 좋아하지 않는지, 왜 엄마가 동생과 더 많은 시간을 보내는지, 어떻게 하면 그토록 절실하게 원하는 관심을 얻을 수 있는지 알지 못한다. 어려운 수학 문제는 이해하지만 자기 자신은 이해하지 못하는 것이다.

자신의 지적 수준 이상의 주제를 접하게 되면 아이의 지적 능력과 감정 성숙도의 불일치는 훨씬 더 커진다. 예를 들어, 아이가 학교 가는 길에 라디오에서 테러리스트에 대해 들으면 아이는 테러리스트가 건물에서 일하는 무고한 사람들을 공격할 수도 있다는 사실을 알게 된다. 아이는 자신의 엄마가 건물에서 일하는 무고한 사람이라는 사실을 알기 때문에 생각을 한 단계 더 발전시킨다. 아이가 방금 들은 내용을 처리하는 방법은 다음과 같다.

아이는 아홉 살의 지적 능력으로 이렇게 이해한다: 우리 엄마는 많은 사람이 일하는 건물에서 일한다. 엄마가 오늘 공격당할 수도 있다.

아이는 네 살의 감정 성숙도로 이렇게 이해한다: 난 엄마가 필요해. 엄마 없이는 살 수 없어. 엄마가 죽으면 나도 죽을 거야.

'엄마가 오늘 공격당할 수도 있다'와 '엄마가 죽으면 나도 죽을 거야'

라는 사고의 불일치가 비동기 발달을 가진 아이들이 겪고 있는 문제다. 이런 아이들은 쉬는 시간에 누구와 놀지 고민하다가도 엄마가 죽을 수도 있다는 사실을 걱정한다. 여기서 중요한 것은 테러리스트가 아니라 불일치 그 자체다. 테러리스트에 대해 들은 16살 아이는 수업 시간에 다른 사람들과 함께 테러리스트에 대해 논의할 수 있지만 여섯 살 아이는 혼자 해결해야 한다. 미술 시간과 수학 시간에서 다룰 만한 내용이 아니기 때문이다. 일반적인 여섯 살 아이는 전쟁의 개념을 이해하지 못한다. 그러나 똑똑한 여섯 살 아이는 전쟁이 사람을 죽이고 자신과 가족도 죽일 수 있다는 사실을 이미 알고 있다.

불일치

성장 발달 과정에서 불일치는 중요한 문제다. 교육 시스템은 IQ와 학습 수행 능력 사이의 불일치로 아이의 학습 장애 여부를 판단하며 평균 IQ와 높은 IQ 사이의 불일치를 이용해 아이가 영재인지 아닌지 판단한다. 이러한 불일치는 아이에게 추가적인 지원이 필요하다는 사실을 말해준다.

  아이가 수학 수업을 잘 따라오지 못하면 학교는 수학 보충 수업을 진행하고 자기 학년 수준의 수학 수업을 들을 준비가 되면 그때 아이는 정규 수업에 참여한다. 영재로 판명된 아이들은 학교에서 고급 수준의 교육을 받기도 한다. 그러나 학교 시스템은 아이의 지적 능력과 감정 수준을 모두 고려하지 않고 오로지 지적 능력 한 가지에만 집중한다. 실제로 많은 똑똑한 아이들이 영재로 판명된 뒤 지능과 감정의 불일치로 힘든 시간을 보낸다. 아이들의 감정을 고려하지 않기 때문이다. 아이들은 오로지 더 어려운 개념만 배운다. 자연재해를 어떻게 느끼고 생각하는지 알지 못한 채 쓰나미의 발생 원인과 인도네시아에서 쓰나미로 얼마나 많은 사람이 죽었는지 배우고 있다. 우리는 아이들이 더욱 지적으로 발달하게 많은 지원을 해주지만 정작 아이가 자기 자신을 알아가는 방법은 알려주지 못하고 있다.

밀려오는 불안감

아이는 지적 발달과 감정적 발달의 불일치를 경험할 때 종종 엄청난 불안을 느낀다. 똑똑한 아이들이 항상 불안해하지는 않지만 한 가지 두려움에 사로잡히면 그 일에 굉장히 집착하는 경향이 있다.

마크의 사례를 살펴보자. 마크는 8살이며 발달 단계는 다음과 같다.

> 신체적 발달 - 8
> 지적 능력 - 11
> 감정 성숙도 - 5

마크는 학교에서 가정 형편이 어려워 대학에 갈 돈이 없는 소년에 대한 영화를 본다. 지적 능력이 11살인 마크는 자신이 10년 후에 대학에 간다는 사실을 알고 있지만, 부모가 자신을 대학에 보내줄 충분한 돈을 가졌는지 확신하지 못한다. 감정 성숙도가 5살밖에 되지 않는 마크는 대학에 가지 못하면 어떻게 살아야 할지 감이 서지 않는다. 갑자기 마크는 공황 상태에 빠져 생각이 널뛰기 시작한다: 대학에 못 간다면? 어떻게 돈을 벌지? 음식을 살 돈도 없다면? 나중에 태어날 내 아이들은 어떻게 하지? 이런 생각들이 아직도 독서 숙제를 해야 하고 수학 시험을 봐야 하는 아이의 머릿속에 떠다니고 있다.

　학교가 끝날 무렵, 부모가 마크를 데리러 왔을 때 마크는 6시간 동안이나 걱정에 사로잡혀 있었고 스스로 주체할 수 없는 감정이 파도처럼 밀려온 상태였다.

또 다른 예를 살펴보자. 11살 클레어의 발달 단계는 다음과 같다.

　　　　신체 발달 - 11
　　　　지적 능력 - 15
　　　　감정 성숙도 - 9

클레어는 친구네 집에서 잔 날 친구 할머니가 암에 걸렸다는 사실을 알게 된다. 클레어는 친구 할머니가 죽을지도 모른다는 생각에 슬퍼할 뿐만 아니라 자신의 할머니가 떠올라 잠을 이루지 못한다. 클레어는 마지막으로 할머니를 언제 만났는지 생각하다가 다시는 할머니를 만나지 못할 수도 있다는 생각에 공황 상태에 빠진다. 새벽 1시, 두려움에 빠진 클레어는 뜬눈으로 밤을 새운다.

불안감 관리하기
갑자기 밀려오는 불안을 한 번도 경험해보지 못한 사람은 그 느낌이 얼마나 강렬한지 모를 것이다. 나는 걱정이 많은 아이였다. 4살 무렵, 여자가 아기를 낳을 때 '어마어마한 주사'를 맞는다는 이야기를 우연히 듣고 엄청난 불안을 느낀 적이 있다. 병원에서 주사를 맞을 때도 무서웠는데 우연히 들은 그 말에 난생처음 느껴보는 감정을 느꼈다. 지금은 그 감정이 공포였고 불안이었다는 사실을 안다. 엄마는 그때 내가 좀 이상했다고 기억하신다. 풀이 죽어 있고 엄마가 도와주려고 해도 내 감정을 이야기하려고 하지 않았다고 한다. 아기를 낳을지도 모른다는 두려움에 휩싸인 채 한밤중에 깨어났을 때 나의 불안은 최고조에 이르렀다. 나는 곧장 엄마 방으로 달려가 내가 두려워하는 것을 엄마에게 말했다. 엄마는 4살짜리 아이가 어떻게 그런 일을 걱정했는지 당황했다고 하셨다. 하지만 시간이 흐르면서 엄마는 내가 미래에 일어날 일들을 걱정하는 아이라는 사실을 알게 되었다. 나는 자신이 통제할 수 없는 일들을 걱정하는 아이였다.

어떤 아이들은 무서운 영화를 보거나 무서운 책을 읽은 후 갑자기 불안이 커진다. 자연재해나 죽음에 대한 이야기를 들은 후에 나타나기도 한다. 불안의 급증을 겪으면 모든 상황이 그 이전과는 다르게 느껴진다. 나에게 불안의 급증은 어떻게 닫아야 할지 모르는 벌레 통조림을 연 것과 같았다. 갑자기 모든 게 무서워졌다. 세상의 종말이, 대학 학비가, 늙는다는 사실이, 돈을 벌고 직업을 가져야 한다는 사실 모두가 말이다. 내가 아무리 노력해도 이런 두려움을 사라지게 할 방법을 찾을 수 없었다.

어른이 된 우리는 이제 불안할 때 어떻게 해야 할지 알고 있다. 운동을 하거나 친구를 부르면 된다. 자신의 불안을 인식하고 행동한다는 사실이 중요하다. 여기서 자신이 어떻게 감정을 느끼는지 이해하려면 객관적인 인식 능력이 필요하다. 이러한 인식 능력은 뇌의 두 부분에 존재한다.

1. **뇌량(Corpus callosum)**: 좌뇌 우뇌 사이에서 정보를 전달하는 섬유 시스템
2. **전전두엽 피질(Prefrontal Cortex)**: 두뇌의 최고 경영자이며 계획 수립, 작업 기억, 체계성 및 기분 조절을 담당

뇌량과 전전두엽 피질은 높은 수준의 기능을 담당하고 있으며 둘 다 20대 초반까지 완전히 발달하지 못한다. (그래서 청소년 시기에 아이들은 대부분 변덕스럽다)
　이러한 뇌 기능의 발달은 아이들이 불안에 사로잡히는 이유이기도 하다. 아이들의 두뇌는 객관적으로 사고할 수 있을 만큼 충분히 발달하지 못했기 때문이다. 객관적 사고란 일어나지 않은 일이나 당장 자신이 해결할 수 없는 일에 불안해한다는 사실을 깨닫는 능력이다. 클레어의 할머니는 아마 클레어가 밤잠을 이루지 못하는 동안 암에 걸리지 않을 것이다. 마크도 대학에 가기 훨씬 전부터 학비를 걱정할 필요가 없다. 하지만 두뇌가 그만큼 발달하지 못한 아이들은 스스로 깨달을 수 없다.

불일치 해결하기

아이들의 지적 발달은 주로 학교에서 이루어지기 때문에 가정에서는 정서 발달에 집중하는 것이 좋다. 어린 시절은 배울 수 있는 최고의 시간이다. 성인이 되어 직장에서 갑자기 불안해하며 힘들어하기보다 어릴 때부터 불안에 대처해야 하는 방법을 배우는 게 좋지 않을까?
　아이가 성장하면서 부모는 아이와 깊이 있는 대화를 나누게 되고

함께 주말여행을 떠나기도 한다. 이렇게 아이가 자라는 시간 동안 아이에게 규칙을 강요하기보다 부모와 관계 맺기에 노력을 기울여야 한다. 부모와 좋은 관계를 맺은 아이는 나중에 대학 룸메이트, 직장 동료, 배우자에게 자신을 더욱 잘 표현할 수 있고 감정을 효과적으로 전달하는 방법을 배우면 삶이 더 쉬워질 것이다.

아이의 감정이 지능을 따라잡아야 한다. 수학 문제를 풀고 자신의 감정도 표현할 수 있어야 한다. 감정과 지능의 불일치를 해결하지 못하면 똑똑하지만, 사회적으로나 정서적으로 어색한 사람이 될 수 있다. 그러므로 정서 발달에 문제가 있는 똑똑한 아이들은 반드시 도움을 받아야 한다.

객관성 유지하기

부모는 아이를 객관적으로 보아야 한다. 여기서 객관적이란 아이가 불안해할 때 주의를 기울이고 아이의 불안 속에서 패턴을 찾는다는 뜻이다. 아이가 월요일에는 학교에 가기 싫어하고, 축구 경기에 참석하러 가는 차 안에서는 안절부절못하고, 피아노 연주회 전에는 식욕을 잃는다는 사실을 알아차리는 것이다. 아이를 객관적으로 바라보면 아이가 자신의 반응을 더 잘 알 수 있게 도울 수 있다.

객관성을 유지하는 첫 번째 단계는 아이의 불안감 추적이다. 아이가 반복적으로 느끼는 불안을 종이에 적거나 스마트폰에 입력하거나 달력에 써 놓는다. 강도에 따라 숫자 1에서 10까지 쓰거나 '높음' '중간' '낮음'으로 구분하거나 아니면 간단하게 일기를 써도 좋다. 여기서는 불안의 정도를 측정하고 그 이유를 파악하는 것이 중요하다.

다음의 예를 살펴보자.

월요일 – 강도 8. 학교 가는 일을 걱정하고, 손톱을 물고, 학교 가는 길에 울기도 함.

아니면 더 간단하게 쓸 수도 있다:

월요일 – 높음. 학교.

첫 번째 예시에서 8은 1에서 10 사이 중 해당하는 강도를 의미하고 두 번째 예시에서 '높음'은 아이의 불안이 평소보다 더 심하다는 뜻이다. 두 가지 예시 모두 학교가 불안의 원인이며 불안의 원인을 알았다면 불안의 이유를 찾아야 한다.

두 번째 단계는 추적한 정보를 이용해 아이가 자신의 감정을 알 수 있게 돕는 것이다. 아이가 매주 일요일 저녁 불안해하며 배가 아프다고 하면, "일요일마다 배가 아프다고 하는데 학교에 무슨 문제가 있니?"라고 물어보거나 아이가 매년 같은 시기에 일어나는 일을 걱정하면 "작년에도 이렇게 걱정했던 것 같구나. 맞지?"라고 말할 수 있다. 이렇게 질문을 하면 아이 스스로 불안의 패턴을 알게 되고 인식하게 된다. 이런 과정은 아이의 정서적 발달에 도움을 준다.

감성 지능을 높이는 방법

똑똑한 아이들의 지능은 계속해서 높아진다. 그래서 감정과 지능의 격차가 커지지 않게 아이의 감성 지능을 높이는 방법을 찾아야 한다. EQ로 더 잘 알려진 감성 지능은 지난 몇 년 동안 큰 화제가 되어왔다.

몇 년 전 페루에서 나는 배를 타고 이동하고 있었다. 그 배에는 한 남자와 어린 아들도 함께 타고 있었다. 그러다 아이가 갑자기 울음을 터뜨렸고 아빠는 아이를 천천히 달래고 있었다. 한동안 울던 아이는 고개를 들어 옆에 앉은 여자를 보았다. 그 여자는 혼자 배에 탔고 아이와는 모르는 사이가 분명했다. 아이는 위로가 필요한 듯 여자의 어깨에 머리를 기댔다. 그러자 여자는 조용히 아이를 감싸 안았다. 나는 여자가 우는 아이의 머리를 마치 자기 자식인 양 쓰다듬어 주는 장면을 보았다. 아이의 아빠는 그 여자를 무척이나 믿었는지 아들이 잠들 때까지 주변 경치만 바라보고 있었다. 나는 그 장면에서 눈을 뗄 수 없었다. '미국에서는 절대 있을 수 없는 일이야!'

미국이었다면 첫째, 아이 아빠는 처음부터 아이를 조용히 시키려고 온갖 노력을 다했을 것이다. 둘째, 여자가 제정신이라면 자신의 아이도 아닌, 안았다가 어떤 비난을 받을지도 모르는 아이를 만지려고 하지 않을 것이다. 마지막으로 아이가 울음을 그치지 않으면 배에 탄 사람들은 모두 아이 아빠에게 눈치를 주었을 것이다. 미국에서는 아이가 울면 사람들의 시선을 받는다. 부모는 주변의 시선에 당황하여 아이의 감정을 '고칠' 수 있는 방법을 찾는다. 부모가 공공장소에서 아이의 감정을 '고치려고' 하면 아이는 감정을 표현하면 안 된다고 생각한다. 물건을 던지거나 사람을 때리는 등 어떤 감정 표현은 적절하지 못한 게 맞다. 하지만 평범한 아이라면 누구든지 울거나 떼를 쓸 수 있기 때문에 아이들은 남들에게 피해를 주지 않는 선에서 감정을 표현해도 괜찮다는 사실을 알아야 한다. 아이가 감정을 잘 표현할 수 있게 감성 지능을 높이는 방법에는 여러 가지가 있다.

1단계: 자신의 감정과 친해지기

자신의 감정을 제대로 알지 못하는 부모는 아이의 감정도 잘 이해하지 못한다. 일하고, 아이를 키우고, 학교에서 자원봉사를 하는 등 바쁘게 사느라 아이의 감정은 물론이고 자신의 감정을 파악할 시간도 거의 없는 부모들도 많다. 아이의 EQ를 높이려면 우선 부모가 자신의 기분을 잘 알아야 한다. 시간이 날 때마다 자신의 감정을 확인해보자. 특히 아이의 불안이 부모를 힘들게 할 때 기분이 어떻게 변하는지 주목해야 한다. 아이의 기분을 알 수 없어 힘들어하는 부모는 학교에 아이를 데리러 갈 때마다 극심한 불안을 느끼기 때문이다.

부모가 불안하면 아이는 더 불안해한다. 그래서 부모가 불안한 상태라면 아이보다는 자신에게 집중해야 한다. 크게 심호흡을 하고 충분한 휴식 시간을 가지며 자신의 감정을 잘 헤아려보자.

2단계: 아이의 감정을 터놓고 이야기하기

아이와 소통하기 위해서는 아이와 일상을 공유해야 한다. 두세 명의 자녀와 동시에 감정을 이야기하기보다 아이와 단둘이 함께 무언가를 할 수 있는 시간을 갖자. 매일 '감정 확인하기'(방법15)를 사용하면 부모는 아이의 감정을 알 수 있다. 아이의 감정을 알았다면 질문을 할 수도 있다. 아이가 일상적으로 느끼는 감정을 물어보는 것이다. 부모가 아이를 보면서 느낀 자신의 감정을 이야기하는 것도 좋다. "네가 A를 받았을 때 너무 신이 났단다." 또는 "소피아와 짝꿍이 못 됐단 이야기를 들었을 때 너무 슬펐단다."라는 말을 들은 아이는 부모가 자신의 편이라고 생각하게 된다.

3단계: 감정 모델

부모가 자신의 감정을 어떻게 관리하느냐가 아이들의 행동에 영향을 미치기도 한다. 부모는 아이에게 감정의 롤모델이나 마찬가지여서 아이에게 화를 다스리는 법, 슬픔에 반응하는 법 그리고 감정을 표현하는 방법을 알려주고 있다. 자신도 모르게 아이에게 본보기가 되는 것이다. 부모가 힘든 일을 앞에 두고도 아무렇지도 않게 행동하거나 조용히 그 감정을 처리하면 아이들은 부모에게 감정이 있다는 사실 자체를 모르게 된다. 부모가 모든 일을 잘 감당하는 것은 좋지만 이런 경우 아이들은 부모도 사람이며 때로는 감정 때문에 어려움을 겪는다는 사실을 잊게 된다.

비슷한 문제를 겪는 다른 아이들의 이야기가 도움이 되기도 한다. 나는 아이들과 상담할 때 가끔 내 어릴 적 경험을 말해준다. 그러면 아이들은 바로 마음을 열고 이야기에 끼어들어 자신들에게도 비슷한 일이 있다고 말한다. 그리고 계속 내 어린 시절 이야기를 해달라고 한다. 왜 그럴까? 내 경험과 감정을 아이와 나누면 나는 아이의 공감 대상이 되는 것이다. 물론 아이를 걱정하게 할 만한 어릴 적 기억을 말하고 싶진 않겠지만 부모가 어릴 때 느꼈던 두려움과 경험을 말하면 아이는 바로 관심을 가진다. 부모의 이야기를 듣고 마음을 열게 된 아이는 말하지 않았던 일들도 말해줄지 모른다.

4단계: 감정과 행동 분리하기

이 단계에서 많은 부모가 좌절하기도 한다. 올바른 감정 표현과 버릇없는 행동은 별개이기 때문이다. 불안한 아이들은 감정이 급증하면 때때로 아주 강하게 행동한다. 대부분 과민하고 짜증이 많아서 소리를 지르거나 상대방을 때리는 등 소란스럽게 행동하는 것이다.

    이럴 때, 화를 내더라도 누군가를 때리는 행동은 올바르지 않다고 말해주어야 한다. 예를 들어 "화난 건 알겠지만 때리는 건 안 돼."라고 말하면 아이의 감정을 인정하면서도 경계선을 그을 수 있다. "베개를 때려. 네 기분이 나아진다면 그래도 돼. 하지만 여동생을 때리는 건 안 돼."라고 말하면 아이에게 도움이 된다. 아이를 마음대로 하게 내버려 두면 잘못된 선택을 할 가능성이 높아진다.

배움에는 시간이 필요하다

불안한 아이들은 나이가 들면서 자신의 불안을 다루는 가장 효과적인 방법을 찾아낼 것이다. 나는 어릴 때 내 감정을 풀기 위해 운동을 했다. 농구 시즌이 끝난 날, 나는 내 마음과 몸에 필요한 다른 일을 찾기 시작했다. 수년 동안 나는 마라톤을 뛰었고 철인 3종 경기에 참여했고 무릎이 아프면 요가와 명상을 했다. 내가 선택한 감정 발산 수단은 나와 잘 맞았다. 하지만 나이가 들어가면서 계속 변할 것이다. 불안한 아이들은 불안과 감정을 조절하는 방법을 배워야 한다. 자신의 감정을 알아내는 능력을 키우면 감정을 어떻게 조절할지 결정할 수 있다. 아이가 불안을 과도하게 표현한다면 기분이 좋아질 때까지 방에서 혼자 시간을 보내는 방법을 배우는 것도 좋다. 에너지를 발산해야 한다면 '빠르게 달리자! 높이 뛰어보자!'(방법13)를 이용해 등교하기 전 줄넘기를 100번 하거나 가볍게 산책하면 좋다. 물론 이 모든 방법은 먼저 아이와 상의해야 한다.

아이들은 테러리스트가 무엇인지 알 필요가 없다!

이 그림은 7살 아이가 9/11 테러가 발생하고 2주 후 그린 그림이다. 아이는 당시 테네시에 살고 있었고 테네시와 이라크를 오가는 미사일을 그렸다. 양쪽 나라 사이에는 목숨을 잃은 가족들의 관이 있고 아이 자신의 관도 왼쪽 위에 보인다.

그림을 그렸을 때 아이는 9/11 테러 뉴스를 거의 매일 보고 있었다. 아이는 미국이 이번 테러에 어떻게 반격할지, 그 반격이 자신과 가족들에게 어떤 영향을 주게 될지 집착했고 3차 세계 대전이 일어나 집과 학교가 모두 파괴될까 무서웠다.

대인관계 지능이 높았던 아이는 9/11 테러 이후 부모님이 늦은 시간까지 뉴스를 보며 아이 앞에서는 하던 대화를 멈추는 행동을 눈치

챌 수 있었다. 또한, 논리-수학적 지능도 뛰어났기 때문에 테러로 사망한 사람들의 수가 자신이 다니는 학교의 전교생 수보다 두 배나 많다는 사실도 알게 되었다. 아이는 학교에서 희생자들을 생각하며 슬픔과 두려움에 잠겼다. 감수성이 매우 높았던 아이는 테러로 부모를 잃은 아이들에 공감하며 자신도 부모를 잃으면 어떨지 걱정했다.

단지 이 아이만 공포에 사로잡힌 것은 아니었다. 많은 아이가 9/11 테러 영상을 보았다. 그때 아이들 대부분은 비행기가 건물에 부딪히는 장면을 적어도 한 번씩은 보았을 것이다.

아이가 사고 장면을 본 것 자체는 문제가 아니었다. 자신이 보고 있는 장면을 이해하지 못하는 게 문제였다. 어른들은 9월 11일에 일어난 사건이 재방송되고 있다는 사실을 안다. 하지만 아이들은 그 사실을 알지 못한다. 아이들은 대부분 비행기가 빌딩에 부딪히는 장면을 보면, 각각 다른 비행기가 다른 빌딩에 부딪힌다고 생각한다. 그래서 어떤 아이가 비행기 충돌 장면을 50번 봤다면 아이는 비행기 50대가 각기 다른 빌딩 50개에 충돌했다고 생각할 수 있다. 바로 여기에서 똑똑한 아이들은 자신들이 본 장면을 한 단계 다음으로 발전시킨다.

평범한 아이: "비행기 50대가 빌딩 50개와 부딪히다니. 빌딩이 정말 많구나."

똑똑한 아이: "비행기 50대가 빌딩 50개와 부딪히다니. 우리 동네에도 빌딩이 있는데, 그럼 다음번엔 우리 동네가 공격을 받을 수도 있겠네."

평범한 아이는 구체적인 사고를 한다. (비행기 50대가 빌딩 50개와 부딪혔다) 구체적으로 생각하며 본 것을 그대로 받아들여서 비행기가 건물과 부딪히는 장면을 볼 때마다 별개의 사건으로 인식한다. 사고 능력이 높다면 비판적인 사고(12세 이상의 아이에게서 나타난다)가 가능하다. 비판적인 사고가 가능하면 "난 저 사건을 알고 있어. 저번 주에 일어난 거야."라고 생각할 수 있지만 8세 이하의 아이는 이런 생각을 할 수 없다.

위에서 말한 똑똑한 아이는 구체적 사고(비행기 50대가 빌딩 50개와 부딪혔다)와 비동기 발달 단계(우리 동네가 다음번에 공격을 받을 수 있다)를 모두 겪고 있다. 비동기 발달 단계의 아이는 자신의 동네가 다음번 공격대상이 될 거로 생각하며 구체적 사고 자체를 한 단계 다음으로 발전시킨다. 평범한 아이는 구체적으로 사고하지만 똑똑한 아이는 그다음 단계까지 모두 생각한다. 그래서 구체적 사고와 비동기 발달이 동시에 나타나는 똑똑한 아이들은 겁에 질리는 것이다.

아이들은 세상을 어떻게 받아들이나

아이의 세상을 스노우볼로 생각해보면 아이가 세상을 어떻게 바라보는지 알 수 있다. 아이는 자신이 스노우볼의 중심이며 눈이 내리면 세상 모든 곳에 눈이 내린다고 믿는다. 3세부터 7세까지 아이들은 자기중심적 사고를 하므로 다른 사람의 관점을 이해하지 못한다. 자신의 하루가 안 좋으면 다른 사람들도 마찬가지일 거로 생각하고 오늘 하루가 기분 좋다면 다른 사람들의 하루도 그러리라 생각한다.

아이의 관점에서 보면 모든 것은 스노우볼 세상 안에 존재한다.

TV에서 본 굶주린 아이도 자신의 스노우볼 세상에 살고 있다고 생각해서, 자신과 같은 세상에 사는 아이가 굶주리므로 자신도 굶주리게 되리라는 두려움을 갖게 된다. 이런 일에 신경을 쓰지 않는 아이들도 있지만 똑똑한 아이들은 대부분 굶주린 아이에게 관심을 둔다. 게다가 아이들은 아프리카가 실제로 얼마나 멀리 떨어져 있는지 알 수가 없고 집에는 충분한 음식이 있다는 사실도 모르고 있다. 아이가 바라보는 관점, 그 자체가 바로 이 세상이 되는 것이다.

아이가 TV에서 태풍 경보를 볼 때도 마찬가지다. 부모가 태풍이 먼 곳으로 향할 거라고 말해도 아이는 경고 표시만을 볼 뿐 자신이 사는 곳과 태풍의 거리를 가늠하지 못한다. 아이는 태풍이 스노우볼 세상 안에 있다고 믿고 있어서 태풍을 피할 수 없다고 생각한다.

9/11 테러 이후 많은 아이는 자신의 동네 근처 건물이 공격받았다고 생각했다. 그래서 나중에 길에 나가서 멀쩡한 모습을 보고 충격을 받았다. 스노우볼 세상 안의 아이는 자신이 사는 곳이 자신이 볼 수 있는 전부이기 때문에 TV 속과 동네의 빌딩을 구별할 수 없었다. 그래서 아이의 두려움은 더욱 커지게 된 것이다.

아이들의 시간 인식 방법도 문제를 일으킨다. 스노우볼 세상에서 아이들은 새로운 형태의 시간을 보내기 때문이다. 아이에게 하루는 일주일과 같아서 지난주에 있었던 일을 아주 오래전 일로 기억한다. 특히 4세에서 10세까지 아이들은 당일에 듣지 않은 말은 쉽게 잊어버리기 때문에 그날 한 행동은 그날 바로 해결하는 것이 좋다.

똑똑한 아이들은 어떻게 부모를 속이는가

많은 부모가 "하지만 내 아이는 이라크 전쟁에 관해 이야기하고 싶어 해요. 아이가 정말 자연재해에 관심이 많은걸요. 아이는 다크나이트 같은 영화를 보는 걸 무서워하지 않아요."라고 말한다. 이런 부모들은 아이가 세계에서 벌어지는 사건·사고들을 잘 이해하며 왜 부모님이 이혼하는지, 왜 각종 생활비를 낼 돈이 없는지 알아들을 만큼 똑똑하다고 생각한다. 아이에게 성인 수준의 정보를 접하게 하는 게 세상을 이해하는 데 도움이 된다고 믿는 것이다. 하지만 그렇지 않다. 정보의 이해보다는 그 정보에 수반되는 감정을 아이가 통제하지 못한다는 사실을 눈여겨봐야 한다. 아이가 불안해하는 것을 보면 알 수 있다. 똑똑한 아이들은 스스로 두려운 일들을 감당할 수 있다며 부모와 자신을 속이기 때문이다.

아이는 부모의 가계부를 보고 무용 수업에 갈 만한 충분한 돈이 없다는 사실을 알 수 있다. 디스커버리 채널을 보며 기후 변화로 북극곰들이 죽어간다는 것, 암이 사람을 죽일 수 있고 언젠가 엄마·아빠도 암으로 죽을 수 있다는 사실 또한 인지하고 있다. 똑똑한 아이들은 많은 일을 이해하지만, 그중에서 감정적으로 처리할 수 있는 문제는 거의 없다. 어른들은 북극곰이 불쌍하지만, 북극곰의 죽음이 당장은 자신의 일상에 크게 영향을 미치지 않는다는 사실을 안다. 그래서 그저 자신의 일상을 살아간다. 하지만 아이들은 다르다. 아이들은 스노우볼 세상 안에서 북극곰들과 함께 살고 있다. 그래서 온종일 북극곰을 도울 방법을 찾아 생각에 잠긴다.

죽음을 두려워하는 7세 여자아이를 상담한 적이 있다. 아이는 사람의 평균 사망 나이, 암으로 진단받을 확률, 얼마나 많은 청소년이 교통사고로 죽는지 알고 있었다. 통계상의 정보를 줄줄 말하던 아이는 실제로 죽음이 무엇인지는 감정적으로 처리하지 못했다. 죽는다는 건 천국에 가는 걸까? 땅 속에 묻히는 걸까? 내 몸은 어떻게 되는 거지? 어른들도 고민하는 질문들을 아이는 5세의 감정 상태에서 스스로 이해하려고 애쓰고 있었다.

성인 수준의 주제에 끌리는 아이들

아이가 성인 수준의 정보에 접근하기를 막는 것은 힘들다. 뉴스를 못 보게 하고, 만화 채널만 틀어 놓으며, 아이 앞에서 배우자와 싸우지 않으려 노력하지만, 아이들은 어떻게든 성인 수준의 정보를 얻어듣는다. 항상 부모 주변을 맴돌며 어른들의 사정을 알고 싶어 하는 것이다.

똑똑한 아이들이 구사하는 어휘 수준은 매우 높다. 몇 달 전 나는 '임의적인'이라는 단어를 사용하는 8세 아이와 상담한 적이 있다. 아이에게 단어의 뜻을 물어보자 아이는 그 뜻을 정확히 말해 주었다. 아이는 핸드폰 사전 앱을 보여주며 그 앱이 매일 단어를 하나씩 알려준다고 설명했다. 성인 수준의 단어를 배우고 또래 친구들이 이해 못 하는 정보를 아는 것이 아이를 들뜨게 했다.

아이들에게 어른의 세상은 관계, 직업, 선택 등 궁금한 일들로 가득하다. 한 11세 아이는 나에게 이렇게 말했다. "빨리 운전하고 싶어요. 언제든지 마트에 갈 수 있으니까요." 아이는 빨리 청소년이 되고 싶어서 운전을 하게 되면 그토록 원하는 청소년기에 가까워진다고 생각하는 것이다. 아이는 정말로 16세가 겪는 학업적, 사회적 압박감을 견딜 준비가 되어 있을까? 나는 아니라고 생각한다.

똑똑한 아이들은 다음과 같은 이유로 성인 수준의 정보에 끌린다.

1. **아이가 성인 수준의 주제를 이해할 수 있다** - 똑똑한 아이들은 성인 수준의 개념을 이해하기 때문에 대화의 주제나 상대를 선택할 수 있다. 아이들 대부분은 선택권 자체가 없지만 똑똑한 아이들은 어른들의 대화에 참여할 수 있다! 그래서 똑똑한 아이들은 파티에서 또래 친구들과 놀고 싶지 않거나 재미가 없으면 바로 어른들 사이에 앉는다. 이런 아이 중 대부분은 다시 또래 친구와 어울리지만 사회성이 결여된 아이들은 또래 친구들과 어울리지 못하고 피난처로 어른들을 선택한다. 갈등을 해결하거나 다른 친구를 찾는 방법을 알아내야 할 때 어른들과 시간을 보내며 모든 상황을 피하는 것이다.

2. **성인 수준의 정보는 재미있다** - 똑똑한 아이들은 평범한 아이들의 이야기에 흥미가 없다. 똑똑한 아이들은 종종 또래 친구들의 놀이나 싸움, 반응 방법을 잘 이해하지 못하고 오히려 어른들의 섬세한 방식을 더 흥미로워한다. 그래서 어른들의 대화 내용이나 통찰력에 관심이 많다. 또래 친구들이 이해할 수 없는 정보는 그 자체만으로도 매력적이어서 똑똑한 아이들은 많은 정보를 습득하며 또래 친구들 사이에서 우월한 위치를 차지하려고 한다.

3. **어른들이 이야기를 더 잘 들어준다** – 똑똑한 아이들은 어른들이 자신의 이야기를 잘 들어주고 인정해준다고 생각해서 어른들과 대화하기를 즐긴다. 1장에서 이야기했듯이 똑똑한 아이들은 또래 친구들과 수준이 다르며 자신을 '이해'해주는 사람과 이야기할 때 안정감을 느낀다. 친구들 대부분은 똑똑한 아이를 '이해'할 수 없고 솔직히 이야기를 잘 들어주지도 않는다. 그 나이 때의 아이들은 집중하는 시간이 짧고 최신 유행에만 빠져 있기 때문이다. 평범한 아이들은 재미가 없다고 느끼는 즉시 자리를 떠나 다른 사람과 논다. 그래서 똑똑한 아이들은 성인 수준의 주제에 끌린다. 자신이 무엇인가의 일부가 된다고 느끼기 때문이다.

아동 친화적 상태

똑똑한 아이들이 성인 수준의 정보에 관심을 보여도 아이를 그러한 정보에서 떼어놓아야 한다. 아이가 생일 파티에서 또래 친구들과 놀지 않고 어른들과 이야기하고 싶어 하면 친구들과 놀게 해야 한다. 부모가 뉴스를 볼 때 아이가 거실로 나오거나 친구의 불륜을 말할 때 아이가 문 밖에서 듣고 있다면 아이에게 방으로 돌아가라고 말하자. 경계선을 정하고 그 경계를 넘지 않는 법을 가르쳐야 한다. 부모가 없을 때는 어쩔 수 없지만, 부모의 보호 아래서는 아이가 보고 듣는 것들을 정할 수 있다. 무엇이 아이를 불안하게 할지는 정확히 알 수 없다. 어떤 아이들은 토네이도를 두려워하지만 어떤 아이들은 금요일에 있을 쪽지 시험을 더 걱정한다. 아이들은 원래 그렇다. 아이들은 다양한 자극에 반응하기 때문에 '아동 친화적'이라는 말을 꼭 기억해야 한다.

'아동 친화적'이란 아이가 신체 나이와 맞는 것을 받아들여야 함을 뜻한다. 아이가 인터넷에서 쓰나미를 검색하고 싶어 한다고 그대로 내버려 두면 안 된다. 쓰나미를 검색하면 쓰나미의 발생 원인뿐 아니라 2004년 인도네시아에서 쓰나미로 희생된 사람들의 사진이 나온다. 이런 이미지가 아이의 머리에 한 번 각인되면 그 기억을 지우기가 매우 어렵다. 그러니 아이가 받아들이는 정보를 자세히 살펴보자. 아이가 인터넷 검색을 할 시간에 아이의 수준에 맞는 책을 도서관에서 빌려보는 게 낫다. 어린이 책은 사건의 비극적인 스토리보다 과학적 사실에 집중하기 때문이다.

7세 아이가 해리포터를 정말 좋아할 수 있지만, 해리포터는 7세 아이에게 맞지 않는 어두운 문제를 다루기도 한다. 이때 나이에 맞는 행동이란 어떤 걸까? 아이는 마법 지팡이를 사고 해리포터 웹사이트 회원이 될 수 있다. 인터넷으로 마법을 검색하고 핼러윈에 입을 마법사 망토를 주문하는 방법을 알아낸다. 나이에 적합한 수준에서 주제를 다음 단계로 발전시키는 것이다.

아이가 부모의 이메일을 궁금해하고 부모의 대화를 엿들으려 할 수도 있다. 부모는 이런 상황에서 할 수 있는 일이 거의 없다. 항상 아이를 지켜볼 수도 없고 벽장 안에 숨어서 통화할 수도 없다. 단지 아이가 어른들의 정보를 궁금해하며 질문할 때 대답하지 않는 방법밖에는 없다.

TV/영화

내가 어릴 때는 밤늦게 TV에서 공포 영화를 방영하기도 했다. 나는 그 영화를 보면 안 된다고 생각했지만, 어느 날 놀러 온 친구가 별로 무섭지 않으니 함께 보자고 했다. 싫다고 말하기가 왠지 창피했던 나는 한편을 끝까지 봤고 그날 밤 너무 무서워서 잠을 자지 못했다. 아직도 늙은 여자가 시체가 담긴 커다란 냄비 속을 휘젓는 모습이 선명하다. 나는 지금도 공포 영화를 보지 않는다. 어떤 사람은 공포 영화를 봐도 무서워하지 않고 밤에 잠을 잘 잔다고 하지만 난 그렇지 않다.

불안한 아이들도 공포 영화를 좋아하지 않는다. 한 번이라도 안 좋은 경험이 있으면 영화나 TV 자체를 피하려고 한다. 게다가 요즘 어린이 영화는 예전보다 훨씬 발전했다. 시각 효과가 뛰어나서 아이는 순식간에 영화에 빠진다. 훌륭한 시각 효과와 함께 수준 높은 주제를 보여준다. 요즘 '어린이' 영화는 아이들은 물론 청소년, 성인을 동시에 타깃으로 하며 그 때문에 아이들은 수준 높은 정보를 접하게 된다. 그러므로 부모는 미성년자 관람 가능 영화라고 해도 미리 영화 내용을 확인할 필요가 있다.

무엇이 아이를 불안하게 하는지 알고 있다면 아이를 불편하게 할 영화들은 피할 수 있다. 아이가 보고 싶어 하더라도 부모가 결정해야 한다. 아이는 영화관에서는 무섭지 않다고 말하지만, 침대에 누워 눈을 감으면 바로 영화의 이미지들을 떠올릴 것이다.

아이에게 영화나 TV 프로그램 취향을 물어봐도 좋다. 아이가 무서운 장면을 보고 두려워하면 그런 프로그램을 보지 않는 편이 좋다. 이런 사실을 스스로 알아내는 아이들도 있지만 그래도 부모가 경계선을 정해주어야 한다.

전화기/컴퓨터

많은 부모가 스마트폰으로 이메일과 문자를 자유롭게 보낸다. 하지만 아이가 우연히 선생님의 비밀 이메일을 확인하거나 부모의 이혼에 대한 문자 메시지를 보기라도 하면 상황은 달라진다.

똑똑한 아이들은 어른들의 정보에 관심이 많다. 아이는 생일 파티 준비나 부부싸움 등 모두 알고 싶어 한다. 그러므로 개인 정보가 담긴 물건은 아이의 손이 닿지 않는 곳에 둬야 한다. 아이가 손쉽게 부모의 핸드폰, 컴퓨터, 아이패드를 본다면 아이는 그 안의 개인 정보까지 볼 수 있다. 많은 부모가 아이가 핸드폰이나 컴퓨터에서 부적절한 내용을 봤다고 상담을 해온다. 아이가 너무 많이 알고 있어서 아이에게 무슨 말을 해야 할지 막막하다고 말한다.

아이에게도 부적절한 정보는 버겁다. 아이의 뇌가 감정적으로 감당할 수 없는 정보를 처리해야 하기 때문이다. 단순한 호기심에서 행동했지만 이로 인해 재정적인 문제, 부모의 이혼 등 부적절한 정보를 접한 순간 아이는 불안해진다. 아이는 자신이 접한 한정적인 정보에 집착하기 때문이다.

부모의 개인 정보는 최대한 숨겨야 한다. 핸드폰에 비밀번호를 설정하고 부적절한 이메일을 삭제하는 등 아이를 불편하게 할 만한 것은 아이가 접할 수 없게 해야 한다. 삭제되지 않은 단 하나의 이메일이나 문자 메시지가 세상을 바라보는 아이의 관점을 바꾸기도 한다.

아이들과 알 권리

많은 부모가 아이의 모든 질문에 답하는 실수를 저지른다. 친구와의 통화 내용 또는 캠프에 아이를 보낼 돈이 있는지, 정말로 이혼을 생각하는지 아이에게 말해줘야 한다고 느낀다. '아이에게 거짓말을 하고 싶지 않다.'고 믿기 때문이다.

아이는 부모의 삶을 모두 알 필요가 없다. 아이에게 스트레스를 줄 뿐이다. 답을 알고 싶지 않으면 질문을 하지 말라는 말이 있다. 아이는 이런 원리를 알지 못한 채 질문이 떠오르면 무조건 물어본다.

많은 아이가 부모의 싸움을 보면서 "엄마, 아빠랑 이혼할 거야?"라고 묻는다. 이런 질문에 부모는 당황한다. 이혼을 생각해보지 않은 경우나 이혼을 생각하고 있는 경우 둘 다 당황스럽기는 마찬가지다. 아이는 부모가 마지막 결정을 내리기 전까지 부모의 미래 계획을 알 필요가 없다.

아이는 정말로 부모가 이혼할지 알고 싶어 할까? 전혀 아니다. 아이들은 이혼이라는 단어를 무서워한다. 하지만 질문이 떠올랐으니 아이는 질문할 수밖에 없다. 이 질문에 답해야 할까? 아니다. 아이가 겁먹었을까? 맞다. 이 주제는 다음 장에서 더 자세히 알아보고 여기서는 어른 수준과 아이 수준의 주제 차이를 살펴보도록 하자.

아이 수준의 주제	성인 수준의 주제
학교	대학
친구	결혼
놀이터에서의 다툼	전쟁
용돈	재정상황
성적표	수능

표에서 보았듯이 두 주제는 상대적이며 비슷하다. 아이들은 학교와

친구, 성인들은 대학과 결혼을 이야기하며 아이가 성인 수준으로 올라가려고 하면 아이 수준으로 내려줘야 한다. 아이의 관심은 오로지 지적 능력 때문에 발생한다. 똑똑한 아이들은 항상 다음 단계로 올라가려 하므로 어른의 대화 수준을 따르는 것은 당연하다.

아이가 성인 수준으로 가야 할 때

아이는 학문이나 활동으로 성인 수준이 될 수 있다. 학문은 수학, 화학, 물리학 등을 말하고 활동은 체스, 태권도, 운동 등을 말한다. 똑똑한 아이들이 학문이나 활동에 온전히 빠지면 건전한 방법으로 다음 단계로 올라갈 수 있다. 어른과 체스를 두거나 축구 경기를 하면 아이들은 성취감을 느낀다.

　나는 아주 명랑한 7세 소년을 상담한 적이 있는데 아이의 엄마는 아이에게 물리학의 기본 개념을 가르쳤다. 물리학 공부가 아이의 불안에 도움이 되었기 때문이다. 아이의 머릿속은 물리학으로 가득 찼고 늦은 밤, 잠이 오지 않으면 아이는 물리학책에서 새로운 개념을 배웠다. 아이는 물리학 공부를 하면서 다른 생각을 하지 않게 되었고 자신감도 높아졌다. 학교에서 배우지 않는 무언가를 공부한다는 사실에 자신감이 상승한 것이다.

　어떤 부모는 아이가 만든 장신구를 인터넷에서 직접 팔고, 인형 옷을 디자인하고, 미술 공예 전시회에서 대회를 관람하게 했다. 똑똑한 아이들에게 다음 단계로 나아가는 일은 매우 중요하기 때문에 아이들에게 건전한 방법으로 다음 단계를 경험할 기회를 주어야 한다.

아이에게 어려운 말을 해야 할 때

아이와 성인 수준의 대화를 한다면 아이에게 직접 영향을 주는 정보만 이야기하자. 부모의 외도는 직접적 영향을 미치지 않는 한 아이들이 꼭 알아야 할 필요는 없다. 아이에게 거짓말하는 게 아니다. 아이를 보호하는 것이다.

내가 14살이었을 때 엄마가 암 진단을 받았다. 나는 크리스마스이브에 엄마 침대 옆에 서서 "엄마는 죽을 거야. 이번이 엄마와 보내는 마지막 크리스마스일 거야."라고 생각했다. 의사와 엄마의 설명에도 불구하고 나는 '암=죽음'이라고 믿었다. 그리고 곧 어른처럼 생각했다. 누가 빨래를 할지, 요리할지, 여동생의 숙제를 도울지 계획하기 시작했다. 나는 운전을 하기엔 너무 어렸으므로 장보기는 오빠에게 맡기기로 했다. 아빠는 일해야 했으니 집안일은 우리가 해야 했고 이 모든 것은 내가 챙겨야 했다. 나는 엄마가 완전히 회복된 후에야 이런 생각들을 떨쳐버릴 수 있었다.

많은 아이가 부모의 죽음과 직면하고 있다. 형제자매의 죽음 또는 병과 맞닥뜨리기도 한다. 아이들도 트라우마를 피할 수는 없다. 아이들은 감정적 준비 없이 이러한 상황을 만나며 이런 아이들의 인생은 영원히 바뀔 수도 있다.

부모가 불치병에 걸렸거나 아이 자신이 병에 걸렸을 때는 진실을 말해주는 편이 더 낫다. 이런 비극이 찾아왔을 때는 아이에게 무슨 일이 일어났는지 솔직하게 말해야 한다. 예를 들어 암에 걸린 아이의 형제자매에게 이 사실을 알려주어야 한다. 감기가 아니라 많이 아프다고 말이다.

짧아진 아동기

많은 부모가 아이의 높은 수준에 충격을 받는다. 부모가 '아동 친화적' 방법을 유지하려고 해도 아이는 이미 7살, 8살 정도의 나이에 십 대 수준의 관심사를 갖고, 십 대처럼 행동하고, 반항하며 부모를 조종하려 든다.

아동기를 보호하는 4가지 방법

1. **컴퓨터에 비밀번호를 설정한다.** 아이가 학교에서 '죽음'이나 '섹스'같은 단어를 듣고 와서 구글로 검색해 볼지 모른다. 비밀번호를 설정하면 아이가 알 필요가 없는 수많은 정보로부터 아이를 보호할 수 있다.
2. **영화나 TV 프로그램을 살펴본다.** 의외로 많은 부모가 저녁에 아이들이 보면 안 될 영화나 뉴스를 본다. 아이가 "괜찮아요. 안 무서워요."라고 말해도 믿지 말아야 한다. 전체관람가 등급이 존재하는 이유가 있는 것이다. 어떤 아이들은 전체관람가 영화도 무서워하는데 이럴 때는 아이에게 탈출구를 제공해야 한다. 무서우면 언제든지 방에서 나가도 좋다고 미리 말해둔다.
3. **아이 앞에서 조심해서 말을 한다.** 부부 싸움을 하거나 아이 앞에서 어른 수준의 대화를 할 때 항상 조심해서 말해야 한다. 아이 앞에서 돈에 관해 이야기하면 아이는 걱정한다. 아이가 돈의 가치를 이해하기를 바라지만 그렇다고 돈 문제를 직접 설명할 필요는 없다. 아빠가 실직해서 해변으로 여행 가기는 힘들다고 말하지 말고 감성 캠핑을 가기로 정했다고 말하는 게 훨씬 좋다. 아빠의 실직

을 알게 된 아이는 계속해서 돈에 대해 걱정하게 된다. 어린 시절은 걱정하는 시기가 아니다.

4. **아이는 아이처럼 행동해야 한다.** 아이들은 대부분 놀이를 통해 문제를 해결한다. 첫 상담에서 놀이를 좋아하지 않는다고 말하던 아이도 모래 놀이를 보여주면 다음 상담에서는 즐겁게 모래 놀이를 한다. 아이들은 놀이를 좋아하고, 창조하고 상상한다. 아이는 요리하는 엄마 곁에 앉아 있기보다 밖에서 친구들과 놀아야 한다. 아이가 친구와 놀거나 파티에 참석하면서 또래 아이들과 유대감을 가지면 사회성이 발달한다. 부모는 아이가 언제 사춘기를 겪을지, 놀이터에서 무슨 이야기를 들을지 알 수 없지만, 최선을 다해 아이를 보호할 수는 있다.

어려운 질문에 대답하는 방법

"지구온난화가 진짜인가요?
저는 언제 죽나요?
토네이도가 우리 집을 덮칠까요?"

아이의 모든 질문에 대답하지 않아도 된다. 대답해서 꼭 어려운 상황이 나아지지도 않는다. 많은 아이가 "엄마 저는 언제 죽어요?"라고 묻고 부모들은 "글쎄…우리는 그냥…음….."이라고 얼버무린다. 아이들은 항상 갑자기 물어보기 때문에 부모는 아이가 왜 이런 질문을 하는지 알아야 하고 무엇보다 난해한 질문에도 적절히 대답하는 방법을 배워야 한다.

아이들이 질문하는 이유

"간식 또 먹어도 돼요?" "우리 언제 떠나요?" "배고픈데 저녁 언제 먹어요?" "나가도 돼요?" 아이들은 매일매일 이렇게 묻는다. 왜일까? 아이들은 항상 허락을 받아야 하기 때문이다. 저녁 식사를 직접 요리할 수도, 쿠키를 만들 수도, 혼자 길을 건널 수도 없다. 아이들의 모든 행동에는 부모의 '허락'이 필요하다.

아이들은 자신이 흥미를 느끼는 추상적인 것들을 묻기도 한다. 세계적인 사건일 수도 있고, 어른들의 문제일 수도 있다. 예를 들어, "공룡이 지구에 다시 나타날 수 있나요? 이집트 미라가 다시 깨어나면 어떡해요? 내가 죽으면 할머니를 볼 수 있나요? 신이 모든 걸 창조했다면 신은 누가 만든 거예요?" 부모들은 이런 난데없는 질문에 대답하기가 너무 어렵다고 말한다.

아이들이 질문하는 이유는 크게 세 가지다.

1. 호기심이 많다.
2. 이해하지 못하고 있다.
3. 안정을 원한다.

아이들은 호기심이 많다. 아이들의 두뇌는 계속 성장하기 때문에 끊임없이 새로운 정보를 받아들인다. 세상을 조금씩 알게 된 아이는 부모에게 묻기 시작한다. 왜 풀은 초록색인지, 왜 지구는 둥근지, 모든 게 너무 궁금하다. 아직 모르는 게 많은 아이는 계속해서 질문을 한다. 학교에서는 선생님이, 집에서는 부모님이 답을 알고 있다고 생각한다. 이렇게 아이들은 어른들에게 의존하며 살아간다.

내 사무실 한쪽 선반에는 미니어처들이 놓여 있다. 처음 상담실을 찾은 아이들은 대부분 미니어처를 집어 들고, 무엇인지 물어본다. 한 아이가 강아지 미니어처를 들고 "이게 뭐예요?"라고 물었다. "네가 생각하기에 달렸지."라고 대답하니 아이는 "강아지예요."라고 말했다. 아이에게 내 대답은 필요 없었다. 이런 간단한 질문과 답변은 아이의 자립성에 도움을 줄 수 있다. 아이들은 때때로 스스로 결정을 내려야 하기 때문이다.

스스로 시도하지 않고 바로 도움을 요청하는 아이들도 있다. 모래놀이 중 나에게 양동이를 건네며 모래성을 만들어 달라고 하는 아이들은 대체로 완벽주의적 성향을 보인다. 어른이 자신보다 모래성을 더 잘 만든다는 사실을 알기 때문에 직접 모래성을 만들지 않고 부탁하는 것이다. 물론 실제로 어른들이 더 잘 만들지만 도움을 받으면 아이들은 성취감을 느낄 수 없다.

이미 답을 알면서도 물어보는 아이에게는 그 질문을 다시 해보자. 아이가 언제 저녁을 먹는지 물어보면 "우리가 보통 몇 시에 저녁을 먹더라?"라고 다시 묻는다. 몇 시에 학교에 가는지 물어보면 집을 나설 때 아이에게 시계를 보여주며 이렇게 말해보자. "긴 막대가 숫자 6으로 갈 때 학교에 갈 거야."

스스로 할 수 있는 일을 부탁하는 아이들이 있다. 이런 경우 3~5분 정도 시간을 정하고 아이가 직접 해본 후 도와주겠다고 말하자. 아이가 그사이에 그만둔다면 자신에게 별로 중요하지 않은 일이다. 아이가 도움을 청할 때 "너 혼자서도 할 수 있어."라고 말하기보다 (이 말은 아이가 "아니요, 할 수 없어요."라고 대답하기 쉽다) "도움이 필요하니? 그렇다면 네가 5분 동안 최선을 다해봐. 그래도 안 되면 내가 도와줄게."라고 말해보자. 그러면 보통 약속한 시각 안에 스스로 해결한다. 이럴 때는 열렬히 칭찬해주어야 한다. "혼자서 해내다니! 너무 자랑스럽구나."라고 말이다. 아이는 부모가 도와주었다면 알지 못했을 성취감을 느낄 것이다.

아이들은 이해하지 못한다. 아이들이 항상 '왜'라고 물어보는 이유다. 아이는 왜 옷을 입어야 하는지, 왜 더 못 노는지, 왜 자야 하는지 이해하지 못한다. 아이들은 사회적 규범(공공장소에서 옷을 입어야 한다)과 발달적 규범(아이들은 충분히 자야 한다)을 이해하지 못해서 부모에게 묻는다. "왜요? 왜요? 왜요?"

아이들은 안정을 원한다. 불안한 아이들이 질문하는 가장 큰 이유다. 어떤 대답도 아이에게는 큰 차이가 없어 보이기 때문에 부모들은 힘겨워한다. 아이에게 치과에 가야 한다고 50번을 말해도 아이는 계속 묻는다. 아이들은 안정을 찾고 싶을 때 혼란스러운 마음을 진정시키려고 계속해서 같은 질문을 한다. 아래의 경우를 살펴보자.

1. **사건(죽음, 토네이도, 지진, 세상의 종말)이 발생할 경우.** 불안한 아이들은 일어나지 않을 일을 걱정한다. 뉴스에서 보거나 이야기를 듣고 나서 내륙에 사는 아이가 허리케인을 걱정하고 사막에 사는 아이가 눈보라를 걱정한다. 일단 자극을 받으면 무슨 일이든 걱정하게 되는 것이다. 실제로 발생할 수도 있는 일을 걱정하기도 한다. 태풍 경보가 토네이도로 바뀌거나 종양이 생겨 고양이가 죽으면 어쩌나 불안해한다. 이런 경우 아이들은 스스로 마음을 달래려고 계속해서 질문한다.

2. **행동(1박 캠프, 축구 대회, 피아노 연주회)해야 할 경우.** 불안한 아이들에게 앞으로 일어날 일은 감당하기가 벅차다. 그래서 해야 할 일이 있다면 미리 걱정하기 시작한다. 미래의 일은 불확실하기 때문에 불안한 아이들은 항상 마음속에서 최악의 시나리오를 가정한다. 1박 캠프에 참가한다는 사실을 2달 먼저 알게 되면 불안한 아이는 2달 동안 캠프 걱정에 시간을 허비할 수 있다. "꼭 가야

해요? 제발 안 가게 해주세요. 내년에 가면 안 돼요?" 자신의 아이가 이렇게 행동한다면 '다섯 가지 질문 규칙'(방법4)이나 '오직! 오늘 일만 담는 접시'(방법12)를 자세히 읽어 보길 바란다. '다섯 가지 질문 규칙'은 아이에게 걱정의 경계선을 알려주는 데 도움이 되고 '오직! 오늘 일만 담는 접시'는 아이가 현재를 살며 하루하루에 집중하는 방법을 알려준다.

90% 어려운 질문에 대답하는 방법

아이의 질문이 어렵게 느껴지는 이유는 거의 모든 질문에 어떻게 대답할지 알 수 없기 때문이다. "토네이도가 우리 집을 덮칠까요? 지구온난화는 진짜예요? 어린아이도 아파서 죽을 수 있나요?" 이런 질문들은 정해진 답이 없어서 부모에게는 악몽 같다. "아니"라고 대답하면 거짓말을 한 셈이고 "맞아"라고 대답하면 아이들은 겁에 질린다.

 어린 시절, 자신의 어머니가 암에 걸린 사실을 말해주지 않아서 충격을 받았다는 엄마를 상담한 적이 있다. 딸이 걱정할까 봐 말하지 않았겠지만, 어머니가 6개월 뒤 사망하자 그 엄마는 큰 충격을 받았다. 그래서 자신은 아이에게 모든 사실을 말해야 한다고 생각했고 아이에게 가족의 현실을 있는 그대로 말해주었다. 똑똑한 11살 아들은 엄마가 작은 수술을 할 때도 엄마가 수술 때문에 죽을 수 있는지 물었고 엄마는 아이에게 이렇게 대답했다. "맞아. 죽을 수도 있어. 누구나 수술하면서 죽을 수 있단다." 아이는 충격을 받았고 엄마의 건강에 집착하기 시작했다. 결국 모든 사실을 다 알려줘야 한다는 엄마의 생각은 역효과를 낳았다.

어린 시절 자신의 부모가 했던 일 중 '나는 그렇게 하지 말아야지.'라고 생각하는 것들이 있다. 부모가 되면 자신의 부모처럼 아이를 '혼란스럽게' 하지 않으려고 극단적인 모습을 보이기도 한다. 자신의 부모가 아무 말도 해주지 않았다면 내 아이에게 너무 많은 사실을 말하려고 하고, 자신의 부모가 너무 많이 말했다면 내 아이에게는 말하지 않으려고 할 것이다.

아이의 질문에 반드시 대답해야 한다는 압박감을 느끼거나 아이에게 더 많은 일을 알려줘야 한다는 생각에 힘들다면 아래 세 단계를 따라 해 보길 바란다. 아이에게 필요하고 힘이 되는 대답을 들려줄 수 있을 것이다.

1. **감정 받아들이기** - 질문에 대답하는 데 있어서 가장 중요한 부분이다. 불안한 아이가 "아빠 토네이도가 오고 있나요?"라고 물을 때 단순하게 "아니, 걱정할 필요 없어."라고 대답하면 질문의 핵심을 놓치는 것이다. 아이는 두렵기도 하고 부모가 자신을 지켜줄지 알고 싶어서 물어보았다. 아이는 토네이도가 무엇인지 자세히 알지 못하기 때문에 정말로 토네이도가 오는지, 토네이도가 오면 어떻게 해야 할지도 모른다. 아이는 단순히 부모가 자신의 기분을 알아주고 항상 옆에 있어 주기를 바라는 것이다. "무섭니? 걱정하지 마, 아빠가 옆에 있잖아."라고 말하면 아이의 질문을 제대로 해결할 수 있다. 아이의 감정을 인정하면 아이의 정서적 지능을 높이는 데 도움이 되며 토네이도가 실제로 오는지 결정해서 대답해야 하는 난처한 상황을 피할 수 있다. 앞으로 날씨가 어떨지 확실하게 알 수는 없지 않은가.

2. **답이 정해지지 않은 질문하기** - 이런 질문으로 아이의 감정을 알아낼 수 있다. 아이의 두려움을 이해하는 데 도움이 되기 때문이다. "왜 토네이도가 무섭니?"라는 질문은 대답이 뻔해 보이지만 아이는 놀랍게도 "우리 집 강아지가 휩쓸려갈까 봐 무서워요."라고 대답한다. 부모는 아이의 이런 두려움을 전혀 알지 못했기 때문에 당황하지만 이런 경우 강아지를 집 안에 들여놓기만 해도 아이는 기분이 좋아진다. 아이의 두려움이 어디서 오는지 정확히 파악하고 싶다면 답이 정해지지 않은 질문을 해보자. 이때 아이의 두려움을 함부로 추측하면 없던 공포심을 유발할 수도 있으니 조심해야 한다. "우리 집은 벽돌로 지어서 무너질 일이 없단다."라고 말하면 아이는 이제 집이 무너질 걱정에 두려워한다. 하지만 답이 정해지지 않은 질문은 아이의 두려움을 정확히 짚어 내기 때문에 새로운 걱정거리를 만들지 않는다.
3. **구체적인 답변 피하기** - 아이들은 항상 대답을 듣길 원한다. 아이는 "그래", "아니" 또는 구체적인 답을 원하고 부모들은 반드시 대답해 줘야 한다고 생각한다. 이때, 아이가 원하는 것과 필요한 것이 다르기 때문에 부모는 둘 중 하나를 선택해야 한다. 아이가 원하는 것을 주는 선택이 최선이 아닐 수도 있고 단순히 어떤 일이 일어날지 확답을 하는 것도 좋지 않다. 아이에게 교정기를 할 일이 없을 거라고 했는데 1년 후 교정기를 해야 한다면 아이는 더는 부모의 말을 믿으려고 하지 않을 수 있다.

이런 구체적인 답변에 어떤 문제가 생기는지 아래 예를 보자.

딸: "아빠 토네이도가 오면 우리 집이 부서질까요?"

아빠: "아니, 당연히 아니지."
딸: "어떻게 알아요?"
아빠: "토네이도는 집을 부수지 않거든."
딸: "그럼 TV에 나온 사람들은요? 그 사람들 집은 전부 부서졌던데요?"

이제 아빠는 할 말이 없어졌다. 이때는 계속해서 설명하거나 아니면 멈출 수 있다.
이제 다른 형태의 대화를 살펴보자.

딸: "아빠 토네이도가 오면 우리 집이 부서질까요?"
아빠: "아주 무섭구나?"
딸: "네, 토네이도가 너무 무서워요."
아빠: "그래. 뭐가 제일 무섭니?"
딸: "바람이 우리 집을 무너뜨리는 거요."
아빠: "그렇구나. 어떻게 하면 기분이 좋아지겠니?"
딸: "아빠가 커튼을 닫으면요."
아빠: "그래? 그럼 바로 닫아 줄게."

이 대화에서 아이는 자신의 공포심을 스스로 받아들이고 있다. 이렇게 되면 부모가 끼어들어 도움을 주지 않아도 기분이 좋아질 방법을 혼자 생각하게 된다. 부모들은 종종 "걱정할 필요 없어. 우리는 안전해. 그런 일은 일어나지 않아."라고 말하지만 이런 말들은 크게 도움이 되지 않는다. 아이들이 이 말을 믿지 않기 때문이다. 아이들은 항상 걱정하며 기분이 좋아질 방법을 찾는다. "아빠 무서워요. 어떻게 해야 하죠?"라고 말하지 않고 "아빠 토네이도가 오면 우리 집이 부서질까요?"라고 묻는다. 두 질문은 의미가 같다.

스스로 두려움을 해결할 때 아이는 불안의 원인을 찾아내는 방법을 배운다. 아이가 모든 걱정을 부모의 도움으로 처리한다면 아이는 아무것도 배우지 못한다. 위의 예시에서 아이는 커튼을 닫으면 기분이 나아진다는 사실을 알게 되었으니 부모에게 의존하지 않을 것이다. 아이는 부모가 함께 있지 않더라도 혼자 커튼을 닫을 수 있다. 결국 걱정이 생겨도 스스로 달랠 수 있고 이런 능력은 아이에게 자신감을 심어준다.

10% 나머지 질문에 대답하는 방법

위에서 말한 세 단계를 지나칠 때도 있다. 바쁜 엄마에게 아이가 갑자기 "엄마가 죽으면 어떻게 돼요?"라고 묻는다. 당혹스럽겠지만 아이는 부모가 바쁠 때 질문하면 관심을 덜 받기 때문에 더 안전하다고 느낀다.

아이들은 물어볼 수밖에 없어서 물어본다. 내가 어릴 때 한밤중에 엄마와 나눴던 대화가 그 대표적인 예다. 나는 그때 이렇게 말했다. "나는 아이를 낳고 싶지 않아요." 오랫동안 마음속에서 두려워했던 일이기 때문에 꼭 말해야만 했다.

아이들은 잠자리에 들면 특히나 두려운 것들을 말하고 싶어 한다. 불안한 아이들에게 하루를 마치는 시간은 가장 힘들다. 아무 일도 하고 있지 않기 때문이다. 똑똑한 아이들은 자신의 마음을 쏟는 무언가가 없을 때 새로운 걱정거리를 찾거나 해결되지 않은 일들을 다시 생각해낸다. 이런 이유로 불안한 아이는 부모가 자신의 방으로 와서 잠들 때까지 옆에 있어 주길 원한다. 혼자 있을 때는 자기 생각에 휘둘리다가 부모가 옆에서 안심시켜주면 편안하게 잠들 수 있기 때문이다.

어떤 아이들은 마음이 혼란스러워 새벽에 잠에서 깬다. 자신의 침대에서 잠든 아이가 다음 날 아침 부모 사이에 누워있기도 한다. 무서운 꿈을 꿨다고 하거나 걱정이 있다고 말하면서 말이다. 이런 아이들은 대부분 마음이 혼란스러워서 잠에서 깨고 무서워서 부모를 찾는 것이다.

아이들은 정신적으로 압박감을 느끼면 언제 어디서든 질문을 한다. 이럴 때는 다음의 세 가지 방법을 이용해 보자.

1. **5분 규칙** – 아이가 뜬금없는 질문을 하면 "미안하지만, 지금은 들어 줄 수가 없구나. 5분 뒤에 얘기해 줄게."라고 말하며 시간을 벌 수 있다. 10분이든 15분이든, 효과적으로 대답할 수 있게 생각을 정리할 시간을 말해주면 좋다. 그러면 아이는 더 묻지 않는다. 종종 다른 일에 정신이 팔려 대답을 듣는 일 자체에 흥미를 잃기 때문이다. 아이가 다시 똑같은 질문을 하면 아이 수준에 맞는 대답을 하자. 이미 적당한 대답을 했다면 계속 반복해서 말하면 된다. 아이가 처음 들어보는 질문을 하면 왜 그런 질문을 하는지 알아봐야 한다. 예를 들어 아이가 죽음에 관해 물으면 "무슨 얘기 들었니?", "뭘 알고 싶니?"라고 다시 묻는다. 그러면 아이가 왜 이런 질문을 하게 됐는지 이해할 수 있다.

2. **질문 피하기** - 부모가 대답을 미루면 아이는 종종 질문 자체를 잊기도 한다. 그래서 아이가 던진 난해한 질문 중 대부분은 그냥 사라진다. '걱정 시간'(방법2)은 질문을 피하는 방법이다. 아이가 질문을 많이 하면 그중 대부분은 잊히고 질문을 적게 하면 대답을 계속 기다리겠지만 최소 5분 정도 시간을 미루면 대부분 아이는 다른 일에 정신이 팔린다.

똑똑한 아이들의 생각은 빠르게 흘러가기 때문에 사라질 질문에 대답하려고 애쓰지 말자. 대답을 미루고 아이가 다시 질문하는지 기다리자. 다시 물어보면 "네가 물어봤던 거 기억해. 정말로 궁금한가 보구나."라고 말한 뒤 대답을 할지 말지 결정해도 늦지 않다.

의외로 "모르겠구나."라는 답변이 가장 훌륭할 때가 많다. 대체로 부모들은 아이의 질문에 어떻게 대답해야 할지 모르기 때문이다. 모르겠다고 대답하면 부모는 고민에서 벗어날 수 있고 아이는 스스로 답을 생각해낼 수도 있다.

한 엄마는 아이의 질문에 25% 정도에만 대답한다고 말했다. 아이가 "엄마 이제 나가도 돼요?"라고 물어보면 네 번 물어봤을 때 이렇게 답했다고 한다. "그 얘기는 이미 세 번이나 들었고 지금은 나갈 수 없단다." 엄마는 성격이 여유로웠고 아이는 예민했기 때문에 이 상황은 모두에게 효과적이었다. 엄마는 느긋한 성격 덕분에 아이의 질문 공세에도 침착하게 행동할 수 있었다.

그렇지만 대부분의 경우 이 방법은 쉽지 않다. 부모와 아이는 서로에게 자동으로 반응하기 때문에 아이가 네 번째 질문할 때쯤 부모는 이미 지쳐버린다. 그렇다 해도 이 방법은 매우 효과적이니 인내심이 충분한 부모라면 시도해볼 만하다. 부모가 아이의 수많은 질문에 빠르게 반응하지 않기 때문에 아이는 스스로 생각의 방향을 바꿀 기회를 얻고 같은 질문을 계속하면 엄마는 대답하지 않을 거라는 사실도 알게 되기 때문이다.
3. **공감하기** – 거의 모든 부모가 강해지려고 한다. 아이가 무언가를 걱정하면 부모는 아이를 안심시키려고 "걱정할 필요 없단다", "무섭지 않아", "다 괜찮을 거야"라고 말한다. 이런 말은 아이들의 두려움이 비이성적이라고 알려주는 것이다. 논리적인 대답이지만 불안은 비이성적인 마음에서 나오므로 아이들에게 이런 논리는 통하지 않는다.

아이의 두려움을 평범한 감정 상태로 인정하는 것도 좋다. 두려움을 인정하고 무서워해도 괜찮다고 말하면 아이와 한 팀이 될 수 있다. 아이에게 무서워하지 말라고 하면 아이와 정서적으로 분리될 수 있지만, 아이에게 공감하면 아이는 부모와 교감하면서 두려움에서 벗어날 수 있다.

전에 들어 본 적 있지 않나?

아이들은 일정한 패턴으로 질문하기도 한다. 어떤 아이는 죽음-토네이도-나이 듦, 이 세 가지를 주기적으로 물어본다. 이런 패턴의 질문은 지적해주어야 한다. "작년 여름에도 같은 질문을 했지?"라고 되물으면 아이는 자신의 걱정을 다시 한번 생각해 보게 된다.

불안은 아이의 정신을 흐려지게 한다. 아이가 죽음에 관해 물을 때 이미 예전에 문제를 해결한 질문이라는 사실을 잊기도 한다. 죽으면 천국에 간다고 믿지만, 다시 불안해진 것이다. 그러니 "작년 여름에도 같은 질문을 했지?"라고 말할 때 "그땐 어떻게 생각했었니?"라고 함께 물어보자. 그럼 아이는 스스로 대답을 찾을 수 있으며 불안을 해결하는 방법 또한 배우게 된다.

힘겨루기

아이들은 질문으로 부모를 괴롭히기도 한다. 아이들은 감정 창고가 가득 차면 질문을 하면서 부모와 힘겨루기를 한다. 많은 아이가 하루에도 여러 번 "컴퓨터 게임 해도 돼요?"라고 묻는다. 이미 부모의 대답을 알면서도 계속 묻는다. 실제로 게임을 하고 싶어서 묻기도 하지만 불안한 마음을 누그러뜨릴 방법을 찾다가 부모를 대화에 끌어들인다.

이런 상황에서 부모는 규칙을 정하고 지켜야 한다. 게임 시간을 정해 놓고 아이가 물어볼 때마다 "컴퓨터 게임은 언제 하기로 약속했지?"라고 되물어 보자. 그러면 아이에게 "안돼"라고 말하는 일이 줄어든다.

'안돼'라는 말이 꼭 나쁘지는 않지만 계속해서 '안돼'라고 말하면 필요 없는 질문에도 대답하게 되고 아이가 스스로 감정을 처리하는 과정 없이 감정 창고를 비울 수 있는 빌미를 제공한다.

특히 고집 센 아이들은 질문하면서 상황을 조종하려고 한다. 부모가 '안돼'라고 대답할 만한 질문을 하면서 힘겨루기를 시작한다. 결국 부모에게 '알았어'라는 대답을 끌어내겠지만 그런데도 부모가 "안돼"라고 말하면 아이는 좌절할 수 있다. 그러므로 부모는 아래와 같이 자신에게 질문을 던져보자.

1. 내가 이 질문에 이미 대답을 했나?
2. 답이 필요한 질문일까?
3. 아이가 나를 대화에 끌어들이려고 하나?

이러한 질문들은 이성적인 생각에 도움이 된다. 시간을 갖고 천천히 대답해 보자.

아이의 부정적 평가에 대응하는 방법

아이는 종종 부모를 평가하기도 한다. 부모 중 한 명을 흉보며 자기보다 다른 형제자매를 더 사랑하고 자신의 말에 귀를 기울이지 않는다고 말한다. 이럴 때, 아이를 설득하려고 하면 안 된다. 아이의 말은 진심이 아니기 때문에 그런 평가를 자세히 살펴보는 순간 그 말들은 힘을 갖는다.

"아이가 화가 났나?"라고 스스로 물어보자. 아이가 화가 났다면 화가 난 상황에서 나온 평가일 가능성이 높다. 아이는 너무 화가 난 나머지 모든 상황을 비정상적으로 보게 되고 상처가 되는 말을 거리낌 없이 한다. 하지만 일단 진정되면 죄책감을 느껴 사과한다. 부모를 꼭 안아주거나 사랑한다고 말하면서 감정적으로 다시 친밀해지려고 노력한다. 이러한 분노와 죄책감의 순환은 아이의 자존감에 좋지 않다. 순환은 보통 아래와 같이 진행된다.

나쁜 말을 한다 → 죄책감을 느낀다 → 부모와 화해하려고 한다 → 자신이 한 나쁜 말을 부모가 잊기를 바란다 → 부모는 나쁜 말을 한 아이를 훈계한다 = '내가 그런 말을 했다니. 난 나쁜 아이야.'

시간이 지날수록 아이는 자신을 부정적으로 바라보며 나쁜 말이나 행동을 했다는 이유로 자신을 '나쁘고', '끔찍한' 사람으로 본다. 그러므로 아이를 훈계하지 말고 아이의 평가를 감정적으로 분리한 후 '정말?'과 같은 중립적인 대답을 해야 한다. 아래 예시를 살펴보자.

예시 1

아들: "엄마, 나보다 조셉을 더 사랑하죠?"
엄마: "왜 그런 말을 하니? 난 둘 다 똑같이 사랑한단다."
아들: "조셉한테는 절대 장난감 정리를 시키지 않잖아요."
엄마: "아니야! 조셉한테도 항상 시켰는걸."
아들: "아니에요. 엄마는 조셉을 더 사랑해요!"

이런 경우 부모가 아이의 감정에 끌려가면 상황을 더 악화시킬 수 있다. 아이는 화가 난 상태이기 때문이다. 아이가 화가 나지 않았다면 이런 질문에 대답해도 좋지만 아이가 화가 났을 때만 이런 질문을 한다면 단순히 부모를 자기처럼 화나게 하려는 것이다.
'정말?'이라고 대답하면 대화가 어떻게 진행되는지 보자.

예시 2

아들: "엄마, 나보다 조셉을 더 사랑하죠?"
엄마: "정말 그렇게 생각하니?"
아들: "네! 조셉한테는 절대로 정리를 안 시키잖아요."
엄마: "그렇게 느꼈다면 미안하구나."

엄마의 대답은 대화에서 힘을 빼 버렸다. 아이는 엄마를 자극하려고 했지만 실패했다. 엄마는 사과하면서 아이와 교감했고 감정적 문제로 발전시키지 않았다. 아이가 화나지 않은 상태에서 반복적으로 이런 질문을 한다면 아이의 감정을 다시 한번 살펴봐야 한다. 엄마는 아이에게 설명할 필요가 없다. 아이의 말에 귀를 기울이고 받아들이면 된다. 엄마가 자기를 변호하기 시작하면 아이는 더욱 공격적으로 변한다.

자기 위로의 중요성

아이는 반복적으로 질문하고 부모는 계속해서 똑같이 대답하면 아이는 스스로 위로하는 방법을 배울 수 없다. 자기 위로는 불편한 감정에 대처할 수 있는 능력이지만 똑똑한 아이 중 대부분은 이런 능력이 부족하다. 어려운 주제를 이해할 만큼 똑똑하지만, 자신을 둘러싼 부정적인 감정을 어떻게 다뤄야 할지 모르기 때문이다.

아래의 예를 살펴보자.

엘리는 관계 불안에 힘들어해서 학교에서 일이 잘못될 때마다 차에 올라타 운다. 엘리는 매일 나쁜 말을 한 친구와 도움을 주지 않은 선생님에 대한 불평을 늘어놓는다. 엄마는 항상 엘리를 데리고 오면서 엘리의 이야기를 들어준다. 엄마는 이야기를 들으며 질문을 하고 제안도 하지만 상황은 나아지지 않고 오히려 악화되고 있다. 엘리는 불안에 사로잡혔고 엄마는 딸을 너무 걱정한 나머지 딸과 똑같이 좌절하고 있다.

엘리의 불안은 왜 나아지지 않을까? 첫째, 엘리와 엄마가 불안의 패턴에 빠졌기 때문이다. 엘리는 학교를 마치면 엄마가 오늘 하루가 어땠는지 물어보고 자신이 대답하는 동안 엄마의 온전한 관심을 받는다는 사실을 알고 있다. 모든 아이가 원하는 온전한 관심! 하지만 이런 관심은 부모와 아이가 서로에게 공감하고 있을 때만 도움이 된다. 엘리와 엄마는 공감하는 게 아니라 함께 불안해한다. 둘째, 엄마는 아이의 사소한 문제에 너무 집중한 나머지 전체를 보지 못하고 있다. 엘리는 온종일 딸을 걱정하는 엄마의 불안을 알아채고는 더 불안해한다. 엄마는 딸을 데리러 갈 때마다 긴장하며 엘리는 바로 엄마의 걱정을 꿰뚫어 본다. 엄마는 딸이 친구를 사귀길 바라지만 그렇지 못해서 좌절하고 있기 때문이다.

이 경우 아래와 같은 방법이 도움이 될 수 있다.
1. **침착한 마음 상태로 딸을 데리러 간다.** 엄마는 심호흡을 하고 긴장을 풀어주는 음악을 들으며 평온을 찾고 딸의 하루를 통제할 수 없다는 사실을 인정해야 한다. 평온한 상태로 딸을 만나는 일이 가장 중요하다.
2. **딸에게 질문하지 말자.** 일단 딸에게 아무것도 묻지 말아야 한다. 엘리가 아무 말도 하지 않는다면 지금부터 할 일을 말해주는 게 좋다. 엘리가 친구 때문에 불안해하면 세 번째 단계를 참고해보자.
3. **'걱정 시간'(방법 2)을 설정한다.** 엘리가 불안함을 말하려고 하면 엄마는 "나도 지금 정말 듣고 싶지만 당장은 너에게 완전히 집중할 수 없구나. 오늘 저녁 6시에 이야기할까? 그때는 네 말에 집중할 수 있을 거 같아."라고 시간을 정해보자.

엄마가 불안을 피하려고 상황을 바꾸면 엘리는 자기를 위로하는 방법을 배우게 된다. 엘리는 엄마에게 학교생활을 보고하는 패턴에 의존했다. 이때 엄마가 시간을 미루면 엘리는 그 시간까지 감정을 다루는 방법을 스스로 고민한다.

또한 엘리와 엄마는 다른 일에서 마음을 공유할 수 있다. 불안한 일이 아닌, 좋았던 일을 축하하면서 말이다. 상황을 흑백으로만 보던 아이들에게 회색 영역도 존재한다는 사실을 알려주고 좋은 날 혹은 나쁜 날로만 보던 하루를 '좋고 나쁜 날'로 인식하게 하면 아이들은 매일매일을 온전히 받아들일 수 있다. '시야 넓히기'(방법9)는 흑백 논리에 빠진 아이들에게 하루를 온전히 받아들이게 하는 좋은 방법이다.

과거의 실수로부터 배우기

많은 부모가 아이들의 질문에 제대로 대답하지 못했다고 괴로워하며 내 사무실을 찾아온다. "참지 못하고 화를 내버렸어요." 한 엄마는 남편이 떠나버려서 어쩔 수 없이 다시 일을 나가야 한다고 아이에게 말하다가 화를 냈다면서 이렇게 말했다. "아이가 왜 방학 때 해변에 놀러 가지 못하냐고 물어보는데 참을 수가 없었어요. 그런데 이제 아이는 돈 걱정만 해요." 나는 항상 부모들에게 말해왔다. 부모도 사람이고 아이의 질문에 옳은 답만 할 수는 없다고. 실수를 인정하고 그 실수를 통해 배워야 한다. 후회할 말을 했다면 다시는 반복하지 않으면 된다.

모든 아이는 이러한 질문 시기를 거쳐야 다음 단계로 성장하기 때문에 부모는 잘못된 말을 후회하기보다 좋았던 대화에 집중해야 한다. 좋았던 대화를 떠올려 어떻게 그런 대화가 가능했는지 생각해 보자. 피곤하지 않았었나? 대화에 온전히 집중했었나? 스트레스가 없었나? 그때와 비슷한 조건을 갖추면 앞으로도 좋은 결과가 있을 것이다.

8장

불안이 남겨놓은 것들

불안은 시간이 지나면서 나아진다. 아이에 따라 몇 주 또는 몇 달이 걸리기도 하지만 올바른 방법을 안다면 불안해하는 아이는 자신감을 갖게 되고 불안은 줄어든다. 전에는 스스로 해결하지 못했던 일들을 다루고 좋은 날을 더 많이 보낸다. 이제 아이와 부모는 모두 안심한다. "아이를 되찾은 기분이에요." 많은 부모가 불안한 아이가 걱정을 멈췄을 때 이렇게 말한다. 아이들도 "걱정이 사라졌어요!"라고 말하며 안도감을 느낀다. 아이에게 불안이 없다면 축복할 일이지만 그래도 앞으로의 삶이 쉽지만은 않을 것이다.

불안이 없어진 아이는 다시 웃기 시작한다. 홀가분하고 행복해 보이며 "난 이제 걱정 안 해" 혹은 "예전처럼 무섭지 않아요"라고 말한다. 아이의 기분이 아주 좋아졌기 때문에 이 시간은 아이에게 중요하다. 아이가 말하지 않아도 부모는 아이의 불안이 해소됐는지 알 수 있다. 아이들이 긴장하지 않고 기분이 좋아지며 짜증이 없어지기 때문이다. 불안이 사라진 아이는 어느 때보다 행복해 보이기 때문에 어떤 부모는 아이의 불안이 영원히 사라졌다고 생각한다.

행복한 시간

불안이 사라진 아이는 기분이 좋아지고 이 세상이 좋은 곳이라고 느낀다. 어른과 다르게 아이들은 금방 변하기도 한다. 변화를 맞이한 아이는 당분간은 불안을 잊는다. 내가 상담했던 아이 중 한 명은 단 1주일 만에 변화가 찾아왔다. 5주 동안 1주일에 한 번씩 상담하는 동안 변화가 없던 아이가 갑자기 괜찮아지기도 한다. 상담 방법이 아이에게 딱 맞았을 수도, 어쩌면 아이에게 무슨 일이 일어났을 수도 있다. 그리고 종종 그 무슨 일이 무엇인지 아무도 모른다.

부모는 계속 "뭐가 변한 건지 모르겠지만 아이가 이제 걱정을 안 해요."라고 말한다. 이때 부모는 아이가 언제든지 다시 불안해질 수 있다고 믿게 되는 '살얼음판' 시기를 보낸다. 하지만 몇 주, 몇 달 동안 불안 없이 지낸 아이는 불안한 순간을 헤쳐나갈 수 있다는 자신감을 갖게 된다. 불안을 극복한 아이는 자신의 대처 능력을 믿게 되고 앞으로의 일을 걱정하지 않으며 두려움을 조절할 수 있다는 자신감에 뿌듯해한다. 정말로 무슨 일이 일어난 걸까? 왜 불안이 사라졌을까? 아이마다 다르겠지만 불안을 감소시키는 방법, 상담사 혹은 치료사와의 관계, 양육 방식 변화 등이 영향을 줬을 가능성이 있다.

상담 과정을 거쳤다면 무엇이 아이의 변화를 끌어냈는지 알 수 있지만 그렇지 않다면 부모는 스스로 찾아봐야 한다. 내 경험으로 볼 때 위에서 말한 가능성은 모두 아이의 불안을 감소시켰다. 이런 가능성은 복합적으로 작용하며 여러 가지 방법을 다양하게 사용했을 때 아이의 상태는 더 빨리 좋아진다.

흔히 발생하는 문제들

아이의 불안이 사라지면 당연히 축하해야 하겠지만 보이지 않는 불안이 남아있을 수 있다는 사실을 잊지 말아야 한다. 작은 불씨 같은 불안이 남아서 언제 다시 나타날지 모른다. 하지만 그때 부모와 아이는 불안을 다룰 준비가 되어 있을 것이다. 아이가 처음 불안을 겪을 때가 가장 힘들다. 그 이후에 나타나는 불안은 아무리 격렬하다 해도 경험이 있는 아이를 약하게 하지 못한다. 아이들이 다시 무서운 경험을 하고 불안에 빠지기도 하지만 이는 흔한 상황이므로 놀랄 필요가 없다.

불안은 아이의 삶에서 가끔 다시 나타나며 부모와 아이에게 예전에 배웠던 방법을 써볼 기회가 된다. 아이는 부모와 함께 불안한 시간을 헤쳐나갈 수 있다. 불안의 정도에 따라 다시 치료를 받으러 오는 아이들도 있다. 하지만 상황이 안 좋아질 때마다 매번 상담실을 찾는 것은 주의해야 한다. 아이에게 스스로 불안을 감당하지 못한다는 메시지를 주기 때문이다. 아이가 정말로 힘들어하거나 도움이 필요하다고 생각될 때만 상담사에게 연락하고 그렇지 않다면 아이 스스로 불안을 이겨낼 수 있게 지켜보자.

아이에게 언제나 문제는 발생한다. 친구 관계가 변하거나 운동팀에서 탈락할 수 있지만, 이는 삶의 일부분일 뿐이고 때에 따라서는 좋은 경험일 수 있다. 또는 부모의 보호 아래서 삶을 실험해볼 기회일 수도 있다. 아이가 어릴 때 부모가 제한한 경계선은 시간이 지날수록 넓어진다. 마이클 리에라 *Michael Riera*는 자신의 저서 『10초만 참으면 10대의 마음을 열 수 있다』에서 아이가 자라면 부모의 역할은 '관리자'에서 '상담자'로 변한다고 말한다. 아이가 어릴 때 부모는 보호자 역할에 적극적이지만 아이가 자라면 아이 스스로 선택할 수 있게 경계선을 느슨하게 통제한다. 이런 통제 변화가 너무 빠르면 아이는 안전하지 않다고 느끼고 너무 느리면 아이는 과보호로 힘들어할 것이다. 천천히 통제 범위를 늘리면서 아이가 넘어지고 다쳐도 부모에게 위안을 받으며 성장하게 도와야 한다.

아이가 대학에 입학하는 나이가 될 때까지 통제의 변화는 이어진다. 그러나 그 이후, 아이는 세상이 너무 무섭거나 자신에게 필요할 때만 부모를 찾아 안전함을 느낀다. 스스로 문제를 해결하는 방법을 깨우친 아이는 부모나 상담사에게 더는 의존하지 않게 되는 것이다.

과민반응

불안이 사라진 후 과민반응으로 다시 상담실을 찾는 아이들이 있다. 부모는 아이가 왜 과민 반응을 보이는지 모른 채 불안 대신 과민반응이 찾아왔다고 생각한다. 실제로 불안이 사라지고 나서 과민반응이 나타나는 경우는 흔하다. 과민반응은 불안 대신 찾아온 것이 아니라 불안 뒤에 항상 숨어있었기 때문이다.

쉽게 짜증을 내거나 화를 내는 과민반응은 정신 장애 진단 및 통계 편람에서 불안의 증상으로 분류하고 있다. 아이가 불안해할 때는 불안이 더 큰 문제를 야기하기 때문에 과민반응은 잘 보이지 않는다. 그러나 불안이 나아질수록 과민반응이 밖으로 드러나고 상황은 다시 힘들어진다. 특정 장소에 가는 걸 두려워하는 게 아니라 아예 거부해서 부모는 아이가 불안했을 때와 똑같이 절망적인 상태가 된다.

과민반응은 보통 불안이 사라진 짧은 행복 뒤에 찾아온다. 불안한 아이들은 대부분 예민하고 참을성이 부족하다. 원하는 대로 되지 않으면 쉽게 화를 내며 자기 마음대로 하고 싶어서 짜증을 내거나 소리를 지르기도 한다. 불안한 아이들의 감정 상태는 매우 다양하며 불안이 사라질 때 함께 사라지지 않고 다른 형태로 나타난다.

성격

불안한 아이들은 쉽게 화를 내거나 성격이 급하다. 많은 부모가 이런 아이의 성격을 일찌감치 알아차린다. 분명히 밥을 먹이거나 기저귀를 갈아줄 때 다루기 힘든 아이였을 것이다. 특히 여러 자녀를 둔 부모는 불안한 아이와 그렇지 않은 아이의 차이를 금방 알 수 있다. 예민한 아이도 있고 그렇지 않은 아이도 있으며 둘 중 예민한 아이를 키우는 일이 좀 더 힘들다는 사실을 인정하면 상황은 나아진다.

어떤 아이는 차 뒷자리에 앉아서 주변에는 신경을 쓰지 않는다. 주로 공상을 하거나 창밖을 본다. 이런 아이들은 부모에게 수월할 수 있지만 똑똑한 아이처럼 의욕적이지는 않다. 반대로 의욕적인 아이는 키우기 힘들어도 성공할 가능성이 더 높다. 의욕적인 아이들은 열정이 대단해서 오히려 열정을 조절할 방법을 찾는 데 어려움을 느낀다. 이 경우, 아이가 열정을 조절하는 방법을 찾을 수 있게 부모가 도움을 줘야 한다.

2부
문제 해결 방법

1부에서 똑똑한 아이가 왜 걱정을 하는지 알게 되었다면 2부에서는 이런 아이에게 도움을 주는 방법을 알아보려고 한다. 여기서 소개하는 방법은 내가 지난 10년간 추천해온 최고의 양육 방법으로 실용적이어서 바로 시도해볼 수 있다. 이 방법을 통해 아이가 필요로 하는 것과 부모의 현재 양육 방식을 다시 한번 생각해 보길 바란다. 예를 들어, 내향적 처리자인 아이를 둔 부모는 아이가 마음을 좀 더 열기를 바라므로 '다섯 가지 질문 규칙'(방법4)보다 '불안에 이름 붙이기'(방법11)를 시도해 보는 게 더 효과적이다.

부모 자신을 살펴보는 것도 중요하다. '행동 유형 바꾸기'(방법10)를 시도할 때는 유머 감각이 필요한데 유머 감각이 부족한 부모라면 이 방법은 어색할 수 있다. 이런 경우는 '내가 해냈어요! 리스트'(방법5)처럼 구조화된 방법을 사용해 보길 권한다. 또한 한 번에 하나의 방법을 시도해보는 게 좋다. 효과가 있을 만한 방법을 정하고 적용해 볼 시간을 고려한 뒤 올바른 방식으로 시도해보자. 한 가지 방법으로도 충분히 불안한 아이의 삶을 변화시킬 수 있다.

사각 호흡 연습

사각 호흡 연습은 불안한 순간에 마음을 진정시킬 수 있으며 쉽게 배우고 언제든지 실천할 수 있다.

이럴 때 도움이 된다.

- 아이가 불안 초기 단계일 때
- 아이가 긴장한 상태일 때
- 아이가 좀처럼 진정하지 못할 때

왜 효과가 있을까?

1. 호흡은 우리 몸을 진정시킨다.

평온함을 유지하기 위해서는 올바른 호흡이 필요하다. 천천히 호흡하는 방법을 배운 아이는 몸의 긴장을 푸는 방법도 알게 된다. 요가나 명상처럼 몸의 평온함을 찾는 활동은 이미 널리 알려져 있으며 이제는 아이들도 배운다. 아이들도 자신의 몸이 느끼는 긴장감을 인지하고 스트레스 상황에서도 평온함을 찾는 방법을 배울 수 있다. 근처에 아이들을 위한 요가나 명상 수업이 있다면, 좋은 기회다. 물론 부모가 직접 아이에게 호흡법을 가르칠 수도 있다.

2. 숫자를 세면 두려움이 멀어진다.

숫자를 세면 천천히 호흡할 수 있고 두려움을 없애는 데 도움이 된다. 명상 중에 복잡한 생각이 떠나지 않았던 경험이 있다면 무슨 말인지 알 것이다. 호흡에 집중하면 마음도 한 곳으로 달리기 시작한다. 그렇다고 아이들에게 계속해서 숨을 크게 쉬고 들이마시기를 반복하라고만 하면 기대하는 효과를 볼 수 없다. 두려움으로 머릿속이 가득 찬 아이들은 이런 호흡 방법조차도 힘들기 때문이다. 아이에게 이런저런 걱정에서 벗어나 한가지 생각에 집중하면서 호흡하는 방법을 알려주어야 한다. 잠이 오지 않을 때 양의 숫자를 세는 고전적인 방법이 대표적이다. 잠을 자야 한다는 생각에서 벗어나면 잠들기 쉬워지듯이 호흡도 마찬가지다.

3. 아이들에게는 언제든지 사용할 수 있는 방법이 필요하다.

나는 많은 아이에게 사각 호흡 연습을 가르쳐왔다. 이 방법이 매우 효과적이라고 생각하는 아이들은 집이나 학교에서 불안을 느낄 때마다 사용한다. 이 방법은 아이가 한 번 배우면 어디서든 사용할 수 있어서 매우 효과적이다. 별다른 소품도, 특별한 공간도 필요하지 않다. 차 안, 교실, 화장실, 침대 등 어디든 좋다. 사각 호흡법을 배운 아이들은 스스로 불안한 순간을 이겨낼 수 있으며 자신감이 높아진다.

실행 방법

1단계: 사각 호흡 연습 가르치기

　사각 호흡 연습은 생각보다 간단하다. 시작은 이렇다. "사각형은 변이 몇 개지? 맞아, 4개야. 4는 아주 중요한 숫자야. 왜냐하면 우리가 사각 호흡 연습을 할 때마다 4까지 셀 거거든." 그리고 펜과 종이를 꺼내 아래 그림처럼 그린다.

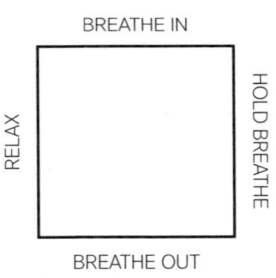

아이들은 그림으로 그려주면 더 빨리 이해한다. 그림을 보면서 아이에게 설명해준다. "왼쪽 위에서 시작할 거야. 초콜릿 쿠키 냄새를 맡는다고 생각하면서 숨을 천천히 들이마셔. 손가락으로 4까지 세면서 말이야. 그러고 나서 4초 동안 숨을 참고 다시 4초 동안 초콜릿 쿠키를 식힌다 생각하고 숨을 내뱉는 거야. 자, 이제 마지막이야. 4초 동안 편안하게 숨을 쉬면 돼" 이 순서대로 3번 반복해야 효과가 좋다. 한 번만 하고 멈추면 소용이 없다.

2단계: 매일 아이와 함께 호흡 연습하기

아이와 함께 호흡 연습을 하면 서로 가깝게 느낄 수 있다. 함께 호흡하면 부모와 아이의 불안 해소에도 큰 도움이 된다. 사각 호흡 연습은 한가한 시간에 하면 효과가 좋다. 하루를 마무리하는 저녁 시간이나 잠자리에 들기 전 아이와 함께 사각 호흡 연습을 해보자. "같이 사각 호흡 연습을 할까? 어떠니?"라고 물으면 "매일 밤 사각 호흡 연습을 해야 해. 잊지 말고"라고 말하는 것보다 아이의 참여를 더 자연스럽게 유도할 수 있다. 아이가 싫다고 하면 부모 혼자서 사각 호흡 연습을 하면서 스스로 스트레스를 다루는 모습을 아이에게 보여주면 좋다.

3단계: 사각 호흡 연습은 언제 어디서나 할 수 있다.

사각 호흡 연습은 불안 발작 단계의 아이에게는 적합하지 않다. 아이가 물건을 던지거나 부모를 때린다면 가만히 앉아 호흡 연습을 시키기보다 계속 움직이게 해야 한다. 아이들이 정신적 공황 상태에 있을 때 아이에게 사각 호흡 연습을 시키는 부모들도 있다. 어떤 부모는 이렇게 말한다. "아이가 제 바지를 잡고 놓지 않길래 주방까지 끌고 가면서 사각 호흡 연습을 하라고 소리쳤어요." 이 부모는 상황이 적합하지 않았다는 사실을 나중에서야 알고 쓴웃음을 지었다. 사각 호흡 연습에는 평온한 마음이 필요하므로 완전히 공황 상태에 빠졌을 때보다 그 바로 직전에 사용하면 효과적이다. 사각 호흡 연습은 아이들에게 힘을 주기 때문에 아이가 중요한 시험을 앞둔 전날이나 축구 경기에 참여하러 가는 차 안에서 하면 좋다.

무엇을 얻을 수 있을까?

사각 호흡 연습은 몸의 긴장을 풀어준다. 힘이 들어간 어깨가 풀어지고 굳은 표정은 부드러워진다. 아이들도 어른처럼 긴장하기 때문에 긴장이 풀리면 훨씬 기분이 나진 게 보인다. 사각 호흡 연습은 나이에 상관없이 누구에게나 효과적인 방법이다. 사각 호흡 연습을 배운 5살 아이는 살아가면서 계속 이 방법을 사용할 것이다. 몸의 긴장이 풀려 편안해진 느낌을 알게 된 아이는 계속 이 방법을 찾게 되기 때문이다.

방법2

걱정 시간

걱정 시간은 아이가 걱정할 수 있게 정해 놓는 시간으로 대략 15분 정도다. 걱정 시간이 끝나면 아이는 다른 일로 넘어가야 한다.

이럴 때 도움이 된다.

- *아이가 끊임없이 두려움을 이야기할 때*
- *아이가 도움을 청하면서도 받아들이지 않을 때*
- *같은 두려움으로 계속 힘들어할 때*

왜 효과가 있을까?

1. 불안한 마음에는 경계선이 필요하다.

불안한 마음은 끝이 없다. 계속 같은 생각만 떠오르고 끝이 보이지 않는다. 불안한 마음은 시간 감각이 없어서 아이는 일어나지도 않을 일을 걱정하면서 며칠, 몇 주 심지어 몇 달을 보내기도 한다. 10살 사라는 다가오는 피아노 연주회를 무려 3주 동안 걱정했다. 연주회는 고작 5분간 진행됐지만 사라는 20일이 넘게 이 일을 걱정하며 보냈다. 어른들은 자신의 성향을 알기 때문에 행동 패턴을 인지하고 바꿀 수 있다. 하지만 아직 성장하는 아이가 자신의 성향을 파악하고 바꾸기는 매우 어렵다. 그러므로 부모는 아이에게 경계선을 만들어 주어야 한다. 부모가 만든 경계 안에서 아이들은 안도감을 느끼며 스스로 경계선을 만드는 방법도 배우게 된다.

2. 불안한 마음에는 인지 능력이 필요하다.

불안한 상태에서는 인지 능력이 떨어지고 과거의 좋았던 일들도 기억해내지 못한다. 8살 마커스는 지난주 축구 경기에서 멋진 활약을 했지만 이번 주에 있을 축구 경기를 걱정한다. 불안한 마음은 미래에 사로잡혀 현실에서는 일어나지도 않을 최악의 상황만 떠오르게 하기 때문이다. 이런 경우 부모는 아이가 현재에 머무르게 도와야 한다. 아이가 두려움을 느낄 때마다 이야기하게 하지 말고 부모와 아이가 함께 모인 시간에 이야기를 나눠보자. 이렇게 하면 아이는 지나친 걱정은 접어두고 현재를 즐기게 된다.

3. 아이는 들을 필요가 있다.

부모는 일상의 스트레스와 바쁜 일정 때문에 종종 아이에게 제대로 관심을 쏟지 못하기도 한다. 특히 형제자매가 있는 아이는 온전한 관심을 얻으려고 애쓴다. 수잔은 동생이 두 명이다. 수잔은 엄마와 불안에 관해 이야기하고 싶지만, 집안일로 바쁜 엄마와 제대로 이야기하지 못해 좌절하고 더욱 불안해한다. 불안한 아이들은 대부분 친구나 형제자매와 불안한 마음을 공유하지 못하기 때문에 부모와 단둘이 이야기하는 시간이 필요하다. 불안한 아이들은 부모 중 한 명을 선택해서 '믿을 만하다'고 생각하지만 '믿을 만한' 부모는 이미 빡빡한 일정으로 바쁘기 때문에 아이가 필요로 할 때 도움을 주지 못한다. 그래도 불안한 아이들은 '믿을 만한' 부모와 두려움을 반드시 이야기해야 한다. 그렇지 못한 아이는 쉽게 좌절하고 불안은 점점 커질 것이다.

실행 방법

1단계: 매일 15분씩 시간을 비워 둔다.
하루 중 온전히 아이와 함께하는 15분을 만든다. 부모와 아이 모두에게 편하고 조용한 시간으로 보통 저녁 식사 후나 잠들기 전이 좋다. 형제자매가 함께 있거나, TV에서 아이가 좋아하는 프로그램이 나오거나, 아이의 친구가 놀러 왔을 때는 피해야 한다. 이 시간 동안 부모는 핸드폰을 무음으로 해놓고 아이에게 100% 집중해야 한다. 장소는 방해 없이 아이와 단둘이 조용히 이야기할 수 있는 곳이 좋다.

2단계: 아이에게 '걱정 시간'을 알려준다.
매일 시간을 정해 놓고 함께 걱정을 이야기 할 것이라고 미리 알려준다. 그리고 그 시간 동안은 둘만의 시간으로 아이의 걱정을 모두 들어주겠다고 말한다. "네 이야기가 듣고 싶어서 특별히 우리만의 시간을 만든 거야."라고 말하면 아이는 부모가 정말로 자신의 불안에 관심이 있다고 생각하게 된다. 이 단계는 외향적 처리자 아이의 불안을 감당하기 힘들어하는 부모들에게 꼭 필요하다. 외향적 처리

자 아이는 부모에게 불안을 모두 쏟아부으려고 하므로 부모가 아이에게 관심을 둔다는 의지를 보여줘야 하기 때문이다. 아이에게 '걱정 시간'에는 무슨 말이든 할 수 있으며 필요하면 도움이 될 말도 해줄 수 있다고 미리 말해두자. 물론 아이들은 부모의 조언을 그다지 원하지 않는다. 그저 부모가 자신의 이야기를 잘 들어주길 원하기 때문에 잘 듣고 있다는 신호만으로도 좋다. '걱정 시간'은 부모가 아이의 이야기를 듣고 그 내용을 되돌아보는 시간이다.

3단계: 걱정은 '걱정 시간'으로 보낸다.

불안한 아이들은 '걱정 시간'을 정해도 아무 때나 불안을 이야기한다. 불안을 느낄 때마다 이야기하는 습관이 있기 때문이다. 하지만 아이들은 기다리는 습관을 길러야 한다. '걱정 시간'을 정하면 아이들은 자연스럽게 새로운 습관을 익히기 시작한다. 정해진 시간에 말할 기회가 있다는 사실에 안정감을 느끼는 것이다. 아이가 '걱정 시간'이 아닌 시간에 불안을 이야기하면 "6시(서로 약속한 시각)에 이야기하자."라고 말하자. 아이가 말을 듣지 않으면 "네 말을 정말로 듣고 싶지만 지금은 집중할 수가 없구나."라고 말하면 된다. 이렇게 대답하면 아이는 부모가 자신에게 굉장히 관심이 있다는 사실을 알게 된다. '걱정 시간'이 되면 "기다려줘서 고마워. 이제 이야기를 해볼까?"라고 말하며 아이의 인내심을 칭찬해주자.

무엇을 얻을 수 있을까?

마음이 불안할 때는 쉽게 생각을 바꾸지 못하지만, 종종 생각이 빠르게 흘러가다가 균형을 찾아서 불안의 시간이 그냥 지나쳐 가기도 한다. '걱정 시간'에 이야기를 하려고 하면 아이가 "이제 별로 그 문제를 말하고 싶지 않아요."라고 말하는 경우도 있다. 사실 '걱정 시간'이 15분까지 필요하지도 않다. 때로는 걱정이 금방 사라지기 때문이다. 오후 4시에는 너무 불안했는데 6시에는 그렇지 않을 수 있다. 6시에 아이가 이제는 불안하지 않다고 말하면 반드시 알려줘야 한다. "두 시간 전에는 정말 불안해 보였는데, 지금은 괜찮다니 신기하구나. 걱정이 그냥 지나가기도 하나 봐!"라고 말이다. 그러면 아이는 불과 두 시간 전에 느꼈던 불안이 지금은 아무것도 아니라는 사실을 깨닫게 된다.

방법3

생각의 전환

생각의 전환은 아이의 부정적인 생각을 긍정적으로 변화시킨다. 불안한 아이는 이 방법을 통해 생각을 빠르고 효과적으로 전환하는 방법을 배울 수 있다.

이럴 때 도움이 된다.

- 아이가 부정적 사고에 갇혀 있을 때
- 아이가 이성적으로 생각하지 못할 때
- 대화가 도움이 되지 않을 때

왜 효과가 있을까?

1. 불안한 마음은 생각을 가둔다.
불안한 마음은 생각을 멈춘다. 또한 갑자기 찾아오는 불안은 너무도 격렬해서 불안한 아이들이 스스로 마음을 달래기가 힘들다. 11살 다니엘은 누나만 컴퓨터를 갖게 된 상황에 집착한 나머지 기회가 있을 때마다 컴퓨터 이야기를 꺼냈다. 부모는 생각의 전환

방법으로 다니엘이 드럼 세트에 관심을 쏟게 했고 아이는 이제 집착하던 상황에서 빠져나올 수 있었다.

아이의 마음이 생각을 가두면 부모가 아이에게 무언가를 뺏겠다고 위협해도 아이는 "상관없어요"라고 말한다. 부정적 감정이 아이의 생각을 사로잡아서 아이에게는 그 어떤 혜택도 중요하게 여겨지지 않기 때문이다. 이렇게 부정적 감정에 갇힌 아이들은 생각의 전환을 이용해 빠져나와야 한다.

2. 처벌은 잠시 미룬다.

처벌은 심각한 결과를 초래할 수 있다. 아이가 부정적인 생각에 갇히면 부모는 필사적으로 아이를 꺼내려고 한다. 과자를 뺏어도 효과가 없으면 내일 친구와의 약속을 취소하고 결국 아이의 모든 혜택을 없애버리려고 한다. 그러다가 너무 지나치다고 생각하게 되고 다시 아이에게 모든 걸 돌려준다. 부모는 아이들이 다음부터 올바르게 행동하기를 바라기 때문에 혼낸다. 하지만 감정적으로 혼란스러운 아이를 혼내면 효과가 없다. 아이들은 화가 나면 자신이 잘못된 행동을 했다는 사실을 인지하지 못하기 때문이다. 생각의 전환은 아이가 상황을 올바로 인지할 때까지 상황을 뒤로 미룰 수 있다. 혼내지 않는 게 아니라 아이가 충분히 침착해져서 자신의 행동을 인지할 때까지 그 상황을 뒤로 미루는 것이다.

3. 아이에게 마음을 가다듬을 기회를 준다.

아이는 진심이 아닌 말과 행동을 한다. 화가 나면 부모가 밉다고 하거나 태어나지 않았으면 좋겠다고 말한다. 발로 차고 주먹질을 하지만 결국 후회하고 사과한다. 생각의 전환은 아이가 부정적 생각에 깊이 빠져들기 전에 도움을 줄 수 있다. 이 방법이 통하면 아이는 부정적인 생각에서 벗어나 집착을 버리고 올바른 선택을 한다. 부정적 순환 고리가 깨져서 불안한 아이는 다시 안정을 되찾는 것이다.

실행 방법

1단계: 관심을 돌린다.
TV 채널을 돌리듯이 아이의 생각을 바꿀 수 있다. 생각의 방향을 바꾸면 부정적인 아이가 긍정적, 최소한 중립적인 상태로 변하는 모습을 볼 수 있다. 몇 가지 방법이 있다.

- **아무거나 묻는다** – 아이가 혼란스러워할 때 "오늘 누구 봤는지 아니?"라고 물어보자. 그럼 아이는 갑자기 궁금해져서 혼란스러운 생각을 잠시 잊는다. 호기심이 아이를 부정적 감정에서 구해 준 것이다.
- **공통 관심사** – "오늘 야구 경기는 어떤 팀들이 나와?"라고 물으면 아이는 부정적 생각을 멈추고 걱정에서 빠져나온다.
- **흥미진진한 소식** – 아이가 좋아할 만한 소식이 있다면 아이에게 전달할 좋을 때를 기다리자. 가족 여행이 결정되면 아이의 관심사를 돌릴 필요가 있을 때 아이에게 소식을 전한다.

2단계: 아이와 함께하기 위해 노력한다.

때로는 대화의 방향을 바꾸기만 해도 효과가 좋아진다. 아이가 흥미로워할 만한 것을 찾아야 할 때도 있지만 이미 마음이 갇혀 있는 아이는 별로 관심이 없을 수 있다. 이럴 때는 다른 상황으로 넘어가야 한다. "오늘 야구 경기를 보고 싶어 할 줄 알았는데, 아닌가 봐?"라고 말하며 넘어가자. 이때 부모는 감정적으로 아이와 분리되어야 한다. 부모의 감정이 아이와 같은 수준으로 나빠지면 상황이 더 악화될 수 있기 때문이다.

'생각의 전환' 방법을 아이에게 설명해주고 아이 스스로 사용해보게 할 수도 있다. 아이가 화가 났을 때, "화난 거 같은데 다른 생각을 해보는 건 어때?"라고 말하면 아이는 자신의 감정을 인정하며 그 상황을 이겨낼 방법을 찾기도 한다. 다행히 아이가 아직 이성적이라면 아이는 생각의 방향을 바꿔 집착하던 상황에서 빠져나올 수 있을 것이다.

3단계: 사건은 나중에 언급하라.

아이가 혼날만한 행동을 했다면 문제 해결을 조금 뒤로 미루자. 부모와 아이가 모두 진정이 됐을 때 "오늘 네가 한 행동은 옳지 않았어."라고 말해야 한다. 왜 그렇게 행동했는지 물어볼 필요는 없지만 (아이가 거짓말을 할 가능성이 있다) 어떻게 행동했어야 하는지 물어보는 것도 효과적이다. 이 단계에서는 타이밍이 중요하다. 아이가 진정될 때까지 기다려야 하지만 시간이 너무 많이 지나면 아이는 무슨 일이 있었는지 잊어버릴 수 있다. 아이를 기다려주되 다음 날까지 미루지 말고 그날 잘못을 알려주어야 한다.

무엇을 얻을 수 있을까?

아이가 부정적 생각에서 빠져나오려면 부모의 도움이 필요하다. "심호흡을 세 번 해봐." 또는 "마트에 가는 걸 감사하게 생각해."라는 말은 화난 아이에게 별로 도움이 되지 않는다. 아이는 화가 나면 이성적으로 생각하지 못하기 때문에 이런 말들은 상황을 악화시킬 뿐이다. 이럴 때는 대화의 주제를 바꾸자. 그러면 아이는 진정하고 자신을 되돌아볼 시간을 갖게 된다. 다시 화가 났던 상황으로 되돌아가도 이전보다는 덜 흥분한다. 이성적 사고가 가능해져서 자신이 그 정도로 화가 나지 않았다는 사실을 깨닫기 때문이다. 오랫동안 부정적 생각에 빠진 아이는 앞으로 나아가기 힘들다. 하지만 부모가 이런 부정적 감정의 순환을 끊어주면 아이는 더 빨리 안정될 것이다.

방법 4

다섯 가지 질문 규칙

다섯 가지 질문 규칙은 하루 동안 같은 걱정에 대해 다섯 개만 질문하는 방법이다. 언제 어떤 질문을 할지는 자유지만 질문이 다섯 개를 넘지 않도록 한다.

이럴 때 도움이 된다.

- 아이가 반복적으로 물어볼 때
- 아이가 부모의 대답을 듣지 않을 때
- 아이의 불안이 나아지지 않을 때

왜 효과가 있을까?

1. 반복적인 질문은 아이에게 좋지 않다.
불안한 아이들은 생각 없이 계속 질문을 한다. 한 시간 동안 스무 번도 넘게 "우리 몇 시에 떠나요?"라고 묻기도 한다. 부모가 "1시"라고 정확하게 대답해도 아이의 질문은 멈추지 않는다. 불안해서 물어보는 아이에게 부모의 대답은 별로 중요하지 않다. 부모가 "2

시에 떠날 거야."라고 바꿔 말해도 아이의 상태는 달라지지 않는다. 아이는 질문을 하면서 불안을 해소하려고 하기 때문이다. 그래서 부모의 대답을 듣고 안심하지만, 곧 다시 불안이 찾아온다. 반복적인 질문에 경계선을 정해야 하는 이유다.

2. 불안한 아이는 자신을 달래는 방법을 배워야 한다.

아이는 자기 자신을 달래는 방법을 잘 알지 못한다. 부모가 대신 문제를 해결해주고 위험에서 보호해 주길 바란다. 하지만 아이는 성장하면서 스스로 문제를 해결하는 방법을 배워야 한다. 자신을 달래는 방법을 배우고 나면 스스로 일을 처리할 수 있게 된다. 친구와 문제가 생겼다면 새로운 친구를 찾고 달리기에서 져도 상대를 축하해줄 수 있다. 자신을 달래는 방법은 아이가 성장하고 건강한 삶을 사는 데 매우 중요하다. 불안한 아이는 스스로 문제를 해결하면서 자신을 달래는 방법을 배우고 마음대로 되지 않는 상황을 어떻게 받아들여야 하는지도 알게 된다.

3. 소통에는 경계선이 필요하다.

부모는 아이가 무슨 말이든 하길 바라지만 아이가 같은 말을 서른 번이나 한다면 그다지 좋은 상황은 아니다. 부모는 계속 똑같은 대답을 하고 아이는 물어볼수록 더 불안해한다. 계속 같은 주제를 반복하는 대화는 불안한 아이들을 더 안 좋은 상황으로 끌고 간다. 아이들은 이성적인 상태에서만 문제를 해결하려고 시도하고 부모의 말에 귀를 기울인다. 그래서 부모는 대화의 경계선을 정해야 한다. "벌써 11번이나 물어봤어. 이제 대답하지 않을 거야."

라고 말하면 불안한 아이는 현재 상황을 인지할 수 있다. 자신이 얼마나 많이 물어봤는지, 그런데도 기분이 좋아지지 않았다는 사실을 알게 되는 것이다.

실행 방법

1단계: 질문은 다섯 개로 제한한다.
다섯 가지 질문 규칙은 아이가 같은 질문을 계속 반복하거나 불안에 관련된 여러 가지 질문을 할 때 사용한다. 아이들은 불안을 야기하는 일이 있기 전에 이런 행동을 보인다. 불안에서 벗어나고 싶어서 계속 질문하는 것이다. 질문이 쏟아지기 시작할 때 다섯 가지 질문 규칙을 시작한다. 아이가 특정 사건에 대해 질문하면 "이미 세 번이나 물어보지 않았니? 이제 두 번만 더 대답해 줄 거야. 이제 두 번 남았으니까 언제 물어볼지는 네가 결정해."라고 말하자. 그럼 불안한 아이는 물어보기 전에 잠시 생각하고 급하게 물어볼 일이 아니라면 기다려야겠다고 판단한다.

2단계: 질문 기억하기
아이가 언제, 얼마나 많이 질문하는지 지켜본다. 같은 질문을 30분 동안 20번 했다면 "벌써 30분 동안 똑같은 질문을 20번이나 했어. 정말 걱정되나 보구나."라고 말하며 상황을 알려주어야 한다. 아이는 자신이 30분 동안 얼마나 많이 질문했는지, 왜 물어보기 시작했는지 전혀 모를 수 있다. 이렇게 상황을 알려주면 아이는 자신이 얼마나 걱정하고 있는지, 계속 물어보는 것이 얼마나 비생산적인 일인지를

깨닫게 된다. 아이의 질문을 기억하는 것도 도움이 된다. 쉽지 않겠지만 온종일 이어진 아이의 질문을 기억해두면 아이가 같은 질문을 얼마나 많이 했는지 알게 되고 경계선을 정하는 데 도움이 된다.

3단계: 시간을 갖고 아이의 다섯 가지 질문에 대답하기
이번 단계는 매우 중요하다. 질문을 다섯 개로 제한하면, "응", "아니" 같이 짧게 대답하지 말고 시간을 갖고 적당한 대답을 찾아야 한다. "응, 우린 가야 해.", "아니, 집에 있으면 안 돼." 처럼 간단하게 대답하면 아이의 질문을 제대로 이해하지 못하는 것이다. 아이는 두려워서 물어본다. 두려움을 덜어주기 위해서는 물어보는 아이의 감정에 집중해야 하며 질문에 숨어있는 감정에 집중하면 아이와 공감할 수 있다. 아이는 왜 질문하는지 잘 모르기도 한다. 그래서 부모가 먼저 아이의 감정을 알아주면 아이는 스스로 불안을 처리할 수 있다.

무엇을 얻을 수 있을까?

불안한 아이들은 정해진 경계선 안에서 자신의 감정을 건강하게 다루는 방법을 배운다. 부모의 대답을 듣고 나서 자신이 쉴 새 없이 질문한다는 사실을 알아차리고 질문을 그만둔다. 또한 전처럼 불안에 크게 반응하지 않고 부모의 도움 없이 스스로 걱정을 다루게 되며 부모가 계속 대답하지 않는다는 사실을 인정하고 자기 힘으로 기분이 나지는 방법을 찾아낸다. 자신을 달래는 방법을 배우는 것이다.

방법5

"내가 해냈어요!" 리스트

내가 해냈어요! 리스트는 불안한 아이들이 어려움을 이겨낸 성공의 기록이다. 아이들은 이 리스트를 보며 자신감이 높아진다. 불안할 때마다 자신이 어떻게 해냈는지 지난 경험을 되살릴 수 있기 때문이다.

이럴 때 도움이 된다.

- 아이가 자신감이 부족할 때
- 아이가 과거의 성공을 기억하지 못할 때
- 아이가 잘 해냈을 때

왜 효과가 있을까?

1. 불안한 마음은 좋은 일을 기억하지 못한다.

불안이 불러온 부정적인 생각은 아이들의 삶을 압도한다. 불안한 아이들이라고 어려움을 극복한 경험이 없지는 않다. 하지만 불안한 마음이 성공한 경험을 기억하지 못하게 막는다. 불안한 마음은 두려움, 잘못됐던 일, 실패의 고통만 기억한다. 불안한 아이에게 좋았던 일을 말해줘도 아이는 "이건 달라요! 이번엔 더 안 좋다고요!"라고 말한다. 아이가 실제로 그렇게 믿는 게 아니라 불안한 순간에는 안 좋은 점만 보이기 때문이다. 그래서 불안한 아이들이 용기 냈던 순간을 기록해야 한다. 글로 남기면 실제 눈으로 볼 수 있어서 아주 효과적이다. 아이들은 자신이 극복한 일들을 확인하면서 자기가 생각보다 훨씬 더 능력이 있다는 사실을 깨닫게 된다.

2. 아이들은 자기가 생각하는 것보다 더 훌륭하다.

아이들은 노력하면 뭐든지 할 수 있다. 불안한 아이들에게는 시작이 어려울 수 있지만, 의지만 있다면 해낼 수 있다. 아이들은 불안할 때 어려운 일을 하려고 하지 않는다. 불안은 아이의 시작을 막고 앞으로 나아가지 못하게 하기 때문이다. 아이가 수영 연습을 두려워한다면 수영장에 데려가는 일이 가장 어렵다. 그렇지만 막상 도착하면 아이는 그렇게 나쁘지 않다고 생각해서 대체로 잘 적응하고 심지어 좋아하기까지 한다. 흔쾌히 수업에 참여하지 않더라도 생존 본능이 깨어난 아이는 어쨌든 수업을 마치고 나온다. 언제나 아이들이 미리 걱정했던 것만큼 나쁜 일은 일어나지 않으며 시도라도 해봐야 이런 사실을 깨달을 수 있다. 아이는 싫어하던 일을 하고 나서 "재밌었어요!"라고 말하기도 한다.

3. 성공은 자신감을 심어준다.

아이들이 두려움을 마주하고 극복하기 시작하면 놀라운 일이 벌어진다. 더 어려운 일을 시도하는 것이다. 내가 상담했던 8살 남자아이는 최근에 "이젠 괴물이 무섭지 않아요. 혼자서 위층에도 올라가요. 그리고 이번 주말에는요 처음으로 친구 집에서 잘 거예요!"라고 말했다. 주말이 지나고 만난 아이는 "해냈어요! 무섭지 않았어요!"라고 자랑했다. 아이는 성공했다는 자신감으로 피하던 일에 적극적으로 참여하게 된 것이다. 이제 아이는 추진력을 얻어 더 큰 일에 도전할 수 있다.

실행 방법

1단계: '내가 해냈어요!' 리스트 만들기
아이가 무엇인가를 성공적으로 해내면 '내가 해냈어요!' 리스트를 만들기 가장 좋을 때다. 자부심을 느끼고 있을 아이에게 "잘 해냈구나. 잊지 않게 적어보는 게 어떨까?"라고 말하며 메모지나 작은 수첩에 성공 리스트를 작성해 보자. 제목은 눈에 잘 띄게 '내가 해냈어요! 리스트'라고 크게 쓰고 아이가 스스로 리스트를 작성하게 한다. 아이가 쓰고 싶지 않다고 하면 부모가 써줘도 좋다. 리스트를 자기 방에 자랑스럽게 붙여 놓는 아이, 리스트가 더러워질까 봐 숨기는 아이 모두 문제없다. 새로운 항목을 추가할 때 찾을 수 있으면 되니 아이가 리스트를 어디에 보관하는지는 아이에게 맡기자.

2단계: 날짜를 기록한다.
가장 최근의 일부터 작성한다. 이때 날짜를 꼭 표시하자. 아이가 막 피아노 연주회를 마쳤다면 「피아노 연주회 - 0000년 00월 00일」이라고 적는다. 그러면 아이는 언제, 무엇에 성공했는지 쉽게 기억해 낼 수 있다. 또 '사각 호흡 연습'같이 도움을 주었던 방법을 추가로

작성한다. 아이가 가장 최근에 성공했던 일을 적으면 자랑스러운 점이 무엇인지 물어보고 그 내용도 함께 남겨둔다. 아이가 과거의 성공을 기억하기 힘들어하면 어떻게 힘든 상황을 이겨냈는지 떠올리게끔 도움을 주자. 사소한 성공을 기억해내는 것부터 시작해도 좋다. 적어도 3~5가지 정도를 기록한 후 안전한 곳에 리스트를 보관하면 된다.

3단계: 성공할 때마다 작성한다.
어려운 상황을 극복할 때마다 리스트를 작성한다. 아이가 집에 오자마자 직접 쓸 수 있게 '내가 해냈어요!' 리스트를 꺼내도 좋다. 아이가 잊어버리고 쓰지 않았다면 그 성공의 순간을 다시 상기시켜줘야 한다. 피아노 연주회를 무사히 끝낸 아이에게 "정말 잘했어! 이 순간을 꼭 기억했으면 좋겠구나."라고 말하며 아이가 직접 리스트를 쓰게 한다. 아이가 용기를 내길 바랄 때도 '내가 해냈어요!' 리스트는 효과적이다. "네가 이 일을 해냈으면 좋겠어. 리스트에 적으면 정말 멋질 거야."라고 말하면 아이는 어려운 상황을 이겨낸 후의 감정을 상상하게 된다. 아이는 성공을 써 내려가는 자신의 모습을 상상하며 두려움에 맞설 힘을 얻는다.

무엇을 얻을 수 있을까?

성공 리스트는 불안한 아이의 자존감을 높여 준다. 스스로 해낸 일들을 돌아보면서 자신을 대단하다고 느끼기 때문이다. 성공 리스트가 길어질수록 아이는 더 어려운 일을 시도하고 불가능하다고 생각했던 상황을 해결한 자신의 모습에 자부심을 느낀다. 많은 아이가 오랫동안 '내가 해냈어요!' 리스트를 보관한다. 자기가 극복했던 일들을 보기 위해서다. 아이들은 과거를 돌아보며 얼마나 힘들었는지 기억하고 그 일들이 지금은 아무것도 아니라는 사실을 깨닫는다. 또한 자신이 극복한 일들을 눈으로 확인하면 새로운 상황에도 민감하게 반응하지 않게 된다.

구슬 보상 시스템

구슬 보상 시스템은 매일 아이들에게 세 가지 일을 제시하고 각각의 일을 해냈을 때 구슬을 주는 방법이다. 구슬 보상 시스템은 집에서 아이를 긍정적으로 변화시키기에 매우 좋다.

이럴 때 도움이 된다.

- 아이가 난폭한 행동을 할 때
- 아이가 부정적으로 관심을 끌려고 할 때
- 아이가 해야 할 일을 하지 않을 때

왜 효과가 있을까?

1. 아이들은 잘하고 싶어 한다.
 아이들은 무슨 일이든지 잘해서 인정받고 사랑받고 싶어 하지만 뜻대로 되지 않을 때 부정적 행동 패턴에 빠져 난폭하게 행동한다. 이를 닦지 않거나 말을 듣지 않는 아이들은 부정적 패턴에 빠지면서 부정적인 관심을 받는다. 이런 관심은 중독성이 있어서 아

이가 말썽을 피우면 모든 관심이 아이에게 쏠리고 아이는 이런 관심을 좋아하기도 한다. 그래서 부정적 행동 패턴은 고치기 어렵다. 아이들은 한번 관심을 받으면 그 행동을 계속하기 때문이다. 아이가 계속 나쁜 행동을 하면 부모는 아이가 긍정적인 관심을 받을 수 있는 행동을 찾아야 한다.

2. *아이들은 긍정적인 관심을 원한다.*
아이들은 올바른 행동을 하고 칭찬을 들으면서 긍정적인 관심을 받는다. 부모는 "옳은 선택을 해줘서 고맙구나."라고 말하며 긍정적인 관심을 표현한다. 긍정적인 관심을 효과적으로 아이에게 전달해야 한다. 관심을 독차지하고 싶어 하는 아이에게 긍정적인 관심은 아이와 단둘이 있는 시간이다. 아이가 컴퓨터 게임이나 간식을 좋아하면 게임 시간을 늘려주거나 아이스크림을 더 주면 된다. 아이들은 보상에 상관없이 부정적인 관심보다 긍정적인 관심에 더 잘 반응한다. 긍정적인 말을 들은 아이는 자신감을 느끼고 긍정적인 행동을 반복하지만, 부정적인 점을 지적당한 아이는 좌절하며 부정적인 행동을 반복한다.

3. *흐름을 바꾸는 것도 효과가 있다.*
아이들이 난폭하게 행동하면 집 안은 부정적인 분위기로 가득 찬다. 이런 분위기에서 부모는 아이가 해야 할 일을 시키는데도 엄청난 힘을 쏟는다. 양치하거나, 접시를 싱크대에 가져다 놓거나, 벗은 옷을 치우는 간단한 일들이 큰 사건이 되기도 한다. 2분이면 끝날 일이 20분 동안 혼돈 상태로 흘러간다. 이럴 때 구슬 보상 시스템을 이용해 아이들을 벌주는 대신 잘한 일에 집중해 보상할 수 있다. 행동에 따른 보상을 알게 된 아이는 양치하라고 다섯 번 말하지 않아도 스스로 양치를 하려고 할 것이다.

실행 방법

1단계: 구슬 보상 시스템 정하기

우선 작고 깨끗한 병과 병에 10개 정도 들어가는 크기의 구슬을 준비한다. 불안한 아이뿐 아니라 누구든지 참여해도 좋다. 이제 아이들이 매일 해야 하는 3가지 과제를 정한다. 과제는 구체적일수록 좋다. '착하게 행동하기'보다 '양치하기'가 더 구체적이다. 주어지는 과제는 아이마다 다를 수도 있고 같을 수도 있지만 쉬운 일, 적당한 일, 어려운 일을 각각 포함해야 한다. 아이가 성취감이나 도전 의식을 더 잘 느끼게 하기 위해서다. 아이와 부모가 함께 상의해서 과제를 정해보자. 일관성이 있어야 시스템이 효과적으로 작용하기 때문이다.

2단계: 아이에게 알리기.

아이가 평온한 상태일 때 구슬 보상 시스템을 소개한다. 이때, 부모의 의지를 보여주는 게 좋다. 또한 아이가 했던 예전의 부정적 행동을 말하지 않게 조심해야 한다. 아이를 비판하는 시간이 되어서는 안 되기 때문이다. 아이들이 구슬을 받으려면 해야 할 3가지 과제를 작은 수첩이나 메모지에 작성한다. 과제를 정한 후 아이들의 열정이 사라지기 전에 빨리 시작해야 한다. 보통 3일 이내가 적당하다. 시작 첫날, 아이를 있는 힘껏 칭찬하고 받은 구슬을 스스로 병에 넣게 한다. 아이가 거부하면 "양치를 안 하면 구슬을 못 받아"라고 하지 말고 "네가 양치질을 해서 구슬을 꼭 받았으면 좋겠어"라고 격려해주자. 아이들은 구슬 대신 게임 시간을 연장해달라고 할 수 있고 더 큰 보상을 받기 위해 구슬을 아껴 둘 수도 있다. 어떤 경우든 상관없다. 여기서 가장 중요한 것은 아이가 구슬을 얻는 과정이다.

3단계: 보상 조정하기

구슬 보상 시스템을 진행하면서 보상을 조정해야 할 때도 있다. 아이들은 시간이 지나면서 이 시스템이 주는 보상에 시들해질 수 있기 때문이다. 아이는 화가 나면 "이제 구슬은 필요 없어요"라고 말하거나 바쁜 날에는 과제 자체를 잊어버리기도 한다. 아이의 행동에 무작위로 구슬을 주면 아이의 흥미를 북돋운다. 차 안에서 형이 동생을 때렸다면 집에 도착해서 형에게 맞고도 잘 참은 동생에게 구슬을 주는 식으로 말이다. 맞고도 싸우지 않고 참은 동생은 예정에 없던 구슬을 하나 더 받게 된 것이다! 아이가 구슬을 열심히 모으고 있다면 장거리 자동차 여행이나 병원 진료 등 힘들어하는 일을 잘 견뎌냈을 때마다 미리 정하지 않았더라도 구슬을 주면 효과적이다.

무엇을 얻을 수 있을까?

부정적 행동에 중독성이 있듯이 긍정적 행동도 하면 할수록 더하고 싶어진다. 아이들이 올바른 선택을 하면 시간이 갈수록 잘못된 선택을 하는 횟수는 줄어들고 행동의 흐름이 바뀌면 아이는 긍정적인 변화를 만들어낸다. 구슬 보상 시스템으로 온 가족이 한마음이 될 수 있다. 일단 아이가 긍정적으로 행동하기 시작하면 부모는 불안해하는 아이에게 무슨 일이 일어나고 있는지 더 잘 알 수 있기 때문이다. 구슬 보상 시스템이 제대로 정착되면 예전에는 다루기 힘들었던 상황도 쉽게 해결할 수 있게 된다.

방법7

사회적 역할 부여하기

아이에게 사회적 역할을 부여하면 아이들은 좀 더 편하게 사회 활동을 할 수 있다. 이때, 아이들에게 부여되는 역할은 재미있어야 한다. 불안한 아이들은 이런 역할을 경험함으로써 사회생활의 두려움을 덜 수 있다.

이럴 때 도움이 된다.

- *아이가 특정한 일을 걱정할 때*
- *아이가 사회생활로 힘들어할 때*
- *아이가 관심을 받지 못해 힘들어할 때*

왜 효과가 있을까?

1. 불안한 마음은 예상치 못한 일을 두려워한다.

불안한 아이들에게 예상치 못한 일은 최악이다. 누가 파티에 오는지, 누가 자신의 옆에 앉을지 모르면 특히 관계에 불안을 느끼는 아이들의 두려움은 최고조에 이른다. 아이들은 예상치 못한 일이다가오면 이야기를 만들어낸다. 최악의 시나리오를 쓰고 믿기 시작하는 것이다. 최악의 시나리오에 사로잡힌 아이들을 설득하기는 어렵다. 이때 사회적 역할을 부여하면 효과가 좋다. 아이가 긍정적인 시나리오를 쓸 수 있게 돕기 때문이다.

2. 아이에게 부여된 역할은 압박감을 줄여 준다.

역할을 맡은 아이는 상황에 맞게 행동한다. 파티에서 컵케이크를 나눠주는 역할을 맡게 된 아이는 파티를 기대할 것이다. 컵케이크를 나눠주는 역할은 모든 아이가 경험해보고 싶어 하는 역할 중 하나이기 때문이다. 아이는 이 역할을 수행하면서 구석에 숨어있지 않고 파티를 즐길 수 있다. 아이가 자신이 맡게 될 역할을 미리 알면 참가할 행사에 대한 압박감을 덜 수 있으니 반드시 아이에게 미리 알려준다. 그러면 아이는 설레는 마음으로 행사를 기다리고 마음의 여유가 생겨 쉽게 친구를 사귈 수 있다.

3. 아이는 기대에 부응할 수 있다.

아이들은 기대에 즉각적으로 반응한다. 6살 매튜는 새로운 학교에 갈 때 불안해했다. 그날 선생님은 매튜를 조장으로 뽑았고 매튜는 학교가 끝나고 차에 올라타면서 "엄마! 첫날인데 조장이 됐어요!"라고 소리쳤다. 조장이라는 역할은 자칫하면 힘들었을 매튜의 하루를 편안하게 해주었다. 아이들은 도움 주기를 좋아하고 중요한 일을 하고 싶어 한다. 중요한 역할을 맡은 아이들은 기대에 부응하기 위해 최선을 다한다. 단순히 컵케이크를 나눠주는 역할이라 할지라도 아이들은 누구보다도 파티를 즐기게 되고 사회적 상황에 대처하는 능력이 있다고 믿게 된다. 다른 사람들 앞에 서는 것도 아이들에게 도움이 된다. 리더의 역할을 맡은 아이는 자신이 중요한 사람이라 생각해서 자신감이 높아진다.

실행 방법

1단계: 역할 선택하기
행사를 주최하는 부모는 자신의 아이에게 맡길 역할을 다양하게 선택할 수 있지만, 행사에 참여하는 입장이면 그렇지 않을 수 있다. 여기서 가장 중요한 것은 아이가 맡을 창의적 역할을 생각해 내는 일이다. 행사를 주최하는 부모라면 아이에게 모든 사람이 관심을 가질 만한 것을 나눠주는 역할을 맡겨보자. 참석하는 입장이지만 행사 주최자와 친하면 아이가 어떤 역할로 도울 수 있는지 물어보면 좋다. 부모에게도 낯선 행사라면 아이에게 무언가를 나눠주는 역할을 맡기자. 음료수든 과자든 상관없다. 아이들은 나눠주는 행동을 하면서 친구를 사귈 수 있기 때문이다.

2단계: 아이의 역할에 관심 보이기
아이가 맡은 역할에 관심을 보여야 한다. 아이가 컵케이크를 나눠주는 역할을 맡았으면 어떻게 컵케이크 나눠줄지 이야기해보자. 음료수를 나눠주는 역할이라면 음료수를 받은 친구가 이 더운 날씨에 얼마나 행복할지 이야기할 수도 있다. 이렇게 아이의 역할에 관심을 두고 이야기를 나누면 아이는 자신이 맡은 역할을 더 정확히 인지하고 더욱더 여유롭게 행동하게 된다. 여유로워진 아이는 자신감이 넘

쳐 친구들과 즐겁게 지낼 수 있다.

3단계: 아이에게 도움 주기

아이가 맡은 역할에 집중하지 못하면 이렇게 말해보자 "네가 컵케이크를 나눠 주길 바라는데 그럴 수 없을 것 같구나. 네가 할 수 있다는 걸 보여주지 않겠니?" 이 말을 들은 아이는 자신의 역할을 기억해내고 잘 해내려고 노력할 수 있다. 아이가 수줍어하면 아이 곁에서 격려해주자. 아이가 역할을 해내는 동안 함께 있어 주며 조언을 아끼지 말아야 한다.

무엇을 얻을 수 있을까?

불안한 아이들은 역할을 맡으면 안심한다. 앞으로 어떤 일이 생길지 걱정하지 않고 자신의 역할에 들뜨며 사람들이 많이 모이는 자리를 두려워하지 않게 된다. 아이들은 여러 행사를 경험해보면서 앞으로는 더 잘 해낼 수 있다는 자신감을 느끼고 사회적 상황을 받아들이는 자신을 발견한다. 이런 경험을 통해 아이들은 앞으로 나아갈 수 있다. 한번 힘이 생긴 불안한 아이들은 두려워했던 상황에서도 편안함을 느낄 것이다.

시간표 작성하기

시간표 작성하기는 아이들의 자유시간에 경계선을 정해서 걱정을 덜어준다. 학교 쉬는 시간이나 주말 혹은 방과 후 등 자유 시간을 이용할 수 있는 훌륭한 방법이다.

이럴 때 도움이 된다.

- *아이가 변화에 잘 적응하지 못할 때*
- *아이가 잘 짜인 일상을 좋아할 때*
- *아이가 한동안 시간이 많을 때*

왜 효과가 있을까?

1. 불안한 마음은 반복되는 일상을 좋아한다.
불안한 아이들은 매일 같은 일상을 반복한다. 똑같은 시간에 일어나고, 아침을 먹고, 등교하고, 수업을 듣고, 집에 오고, 저녁 식사를 하고, 양치하고, 잠자리에 든다. 그러다가 여름방학이 시작되면 모든 것이 달라진다. 갑자기 일정한 기상 시간이나 등교 시간

이 사라져 학교에 가지 않아 집에 있는 시간이 많아지고 이런저런 생각들이 머릿속에서 날뛴다. 오늘 뭐 하지? 언제 친구들을 다시 만나지? 개학하면 새 친구가 생길까? 방학이 시작되자마자 이런 생각들은 아이들의 머릿속에서 떠나지 않으며 심한 경우 방학이 시작되기 몇 주, 몇 달 전부터 이런 걱정에 시달린다. 겨울방학이나 계획이 없는 방과 후에도 상황은 마찬가지다.

2. 잘 짜인 계획은 불안을 줄여준다.

불안한 아이들은 계획을 미리 알고 있으면 마음이 편안해진다. 무엇을 해야 할지, 누구와 놀아야 할지, 하루를 어떻게 보낼지를 고민하지 않는다. 아이는 1년 중 약 180일 정도는 학교에 가며 이 기간에는 계획적으로 생활한다. 그래서 불안한 아이에게 방학은 너무 힘들다. 계획적인 생활과 갑작스러운 자유 시간은 그 간극이 너무 커서 아이들은 이러한 상황에 당황한다. 불안한 아이들은 계획만 잘 짜여 있다면 주말이나 방과 후 시간을 수월하게 보낼 수 있다. 무슨 일이 일어날지 미리 알 수 있기 때문이다.

3. 계획적인 생활과 자유 시간의 균형이 필요하다.

아이가 너무 계획적으로 생활하면 창의성이 낮아지고 놀이 시간도 부족해진다. 반대로 자유 시간이 너무 많으면 아이는 통제가 되지 않고 불안해한다. 이 둘 사이의 균형이 필요하다. 하루 시간표에 정해진 자유 시간을 넣어두면 불안한 아이들은 자유 시간이 얼마나 길어질지 걱정할 필요 없이 그 시간 자체를 즐길 수 있다. 하루에 한두 시간 정도만 자유시간이 주어져도 아이는 창의성을 키우며 즐겁게 놀 수 있다. 또한 자유 시간이 언제 끝날지 알기 때문에 쓸데없이 긴장하지 않아도 된다.

실행 방법

1단계: 미리 시간표를 작성한다.
큰 달력에 미리 정해진 일정을 적는다. 달력이나 종이 어디든 상관없지만, 일정을 충분히 쓸 수 있는 공간이 필요하고 아이가 언제든지 볼 수 있게 눈에 띄어야 한다. 여름 방학 계획은 방학 첫날부터 개학하기 전날까지 일정을 미리 짜야 한다. 가족 휴가, 1박 캠프, 할머니 댁 방문같이 미리 정해진 일정은 진하게 표시하고 남은 날들은 정해지는 대로 작성한다. 온종일 일정이 있을 수도, 절반만 있을 수도 있다. 일정을 정하진 않은 빈 곳이 자유시간이 된다.

2단계: 아이에게 물어본다.
부모와 아이 모두 여름 방학에 할 일을 생각해 놓았을 것이다. 불안한 아이들에게는 앞으로 무슨 일이 있을지 반드시 미리 알려주어야 한다. 아이의 여름 방학 계획 중 아이가 싫어하는 활동이 있다면 그 앞뒤로 아이가 좋아하는 활동을 넣을 수 있기 때문이다. 아이가 수영 수업을 싫어하면 앞에는 아이가 좋아하는 여름 캠프 활동을 넣고 뒤에는 가족 휴가 계획을 넣을 수 있다. 그러면 아이가 달력을 볼 때 자신이 두려워하는 활동을 보며 걱정하지 않고 전체를 볼 수 있는 능력을 키우게 된다.

3단계: 시간표는 꼭 지킨다.

시간표는 꼭 지켜야 한다. 아이가 하고 싶지 않다고 해서 마지막 순간에 일정을 변경하면 아이는 시간표를 믿지 않게 된다. 아이가 좋아하는 일정이 변경되면 아이는 혼란스러워한다. 특히 아이가 두려워한다고 해서 정해진 일정을 바꾸면 상황은 더 나빠진다. 그래서 무조건 미리 세운 계획은 그대로 진행해야 한다. 아이가 싫어해도 계획대로 진행하면 된다. 아이가 두려울 수도 있는 일정을 해내면서 스스로 어려움을 극복하도록 돕자.

무엇을 얻을 수 있을까?

불안한 아이들은 일정이 미리 계획되어 있을 때 훨씬 더 즐거운 자유 시간을 보낸다. 앞으로 있을 일을 예상할 수 있으면 자유시간이 부담스럽지 않기 때문이다. 12시에 소풍을 간다고 알고 있는 아이에게 그 전에 일어날 일은 중요하지 않다. 아이는 12시까지 자유롭게 놀 수 있다는 사실을 알기 때문이다. 불안한 아이들은 시간이 지날수록 자유 시간에서 편안함을 느끼며 그 시간을 보내는 방법을 스스로 찾아낸다. 그 결과 자유 시간을 기다리게 된다. 두렵기만 하던 자유 시간이 즐거울 수도 있다는 사실을 알았기 때문이다.

시야 넓히기

시야 넓히기는 아이들이 흑백사고에서 벗어날 수 있게 도움을 준다. 아이들은 시야를 넓히는 방법을 통해 상황을 분석해서 좋은 일과 나쁜 일이 동시에 일어날 수 있다는 사실을 알 수 있게 된다.

이럴 때 도움이 된다.

- 아이가 흑백논리로 생각할 때
- 아이가 장점을 찾지 못할 때
- 아이가 다르게 생각하길 거부할 때

왜 효과가 있을까?

1. 불안한 마음은 부정적인 사건에 매달린다.
생일 파티는 완벽했다. 한 가지만 빼고 말이다. 아이가 음료수를 마시고 있을 때 누군가 아이를 살짝 치며 지나갔고 아이의 옷에 음료수가 쏟아졌다. 불안한 아이에게 이런 상황은 생일 파티 전체를 망치는 이유가 된다. 아이가 차에 타면서 "생일 파티는 정말 별

로였어요!"라고 말하면 부모는 뭔가 큰일이 있었다고 생각한다. 그러나 사소한 문제가 있었을 뿐이다. 아이는 집에 돌아온 후에도 음료수를 쏟은 일만 생각한다. 너무 창피했던 기억이어서 다른 일은 생각나지 않는 것이다. 아이들은 생각이 유연하지 않기 때문에 사건의 극단적인 면만 보는 흑백사고를 한다. 시야 넓히기는 바로 이런 흑백사고에서 벗어나는 방법을 알려준다.

2. 부정적인 사건은 긍정적인 사건을 지운다.

불안한 아이에게 부정적인 일이 일어나면 긍정적인 일들은 잊혀진다. 완전히 성숙하지 않은 아이들의 뇌는 '부정적인' 일들만 모아서 필요 이상으로 경계심을 갖도록 하기 때문이다. 또한, 아이들은 부모가 자신의 안 좋은 기분을 알아주길 원한다. 불안한 아이가 생일 파티가 끝난 후 차에 올라타며 "음료수가 내 옷에 쏟아지지만 않았어도 파티는 즐거웠을 거예요."라고 말한다면 아이는 음료수가 옷에 쏟아져 창피했던 순간을 최악의 기억으로 남겼다는 뜻이다. 그래서 불안한 아이는 다른 즐거운 기억은 다 잊고 음료수 사건만 이야기한다. 아마도 기분이 나질 때까지 계속 이 이야기를 할 것이다.

3. 사건의 장단점을 모두 보면 올바른 시야를 가질 수 있다.

불안한 아이는 부모의 도움으로 사건의 장단점을 동시에 볼 수 있다. 하지만 도움을 받지 못한 불안한 아이는 생일파티 자체를 나쁜 기억으로 남기거나 자신을 치고 간 사람을 원망할 수 있다. 시야를 달리해서 사건을 자세히 들여다보면 아이는 음료수를 쏟기 전과 후에 즐겁게 지냈다는 사실을 알 수 있다. 아이도 사실 생일 파티는 즐거웠고 음료수를 쏟은 일은 그냥 사소한 사건이었다는 걸 알게 된다. 아이들은 열린 마음으로 문제를 받아들일 때 사건의 극단적인 면만 보는 생각에서 벗어날 수 있다. 그리고 이런 생각은 아이를 성장시킨다.

실행 방법

1단계: 아이의 말에 귀 기울이기
아이의 생각을 바꾸려 하지 말고 아이의 말에 귀를 기울이자. 아이가 차에 타서 이야기를 시작하면 듣기만 해야 한다. 아이의 말을 끊거나 질문하지 말고 공감해주며 듣는다. 그저 그런 일이 생겨서 안타깝다고 아이의 감정을 이해해주면 된다. 하고 싶은 이야기를 털어낸 아이는 그제야 사건을 열린 마음으로 바라볼 테니 말이다. 아이는 마음이 혼란스러울 때 부모의 조언을 듣고 싶어 하지 않는다. 그러니 인내심을 갖고 기다려야 한다. 일단 마음이 진정되면 아이는 이성적으로 생각하고 부모의 조언에도 귀를 기울이게 될 것이다.

2단계: 하루를 자세히 들여다보기
아이가 생일 파티에 들어선 순간부터 시작하자. "파티가 시작했을 때 무슨 일이 있었니?" 그리고 "그다음은?"이라고 차례대로 물어본다. 이렇게 단계별로 차근차근 물어보면 아이에게 무슨 일이 있었는지 알 수 있고 아이도 좀 더 쉽게 기억해낼 수 있다. 불안한 아이는 최악의 사건만 기억하고 있기 때문에 처음부터 모든 일을 기억해내

게 도와주어야 한다. 이렇게 하루를 '자세히' 들여다보면 아이의 기분은 점점 바뀐다. 재미있었거나 신나는 일을 기억해내서 이야기하고 최악의 사건은 그 속에 묻힌다. 아이는 좋은 일도 있었다는 사실을 알게 된다.

3단계: 재구성

하루를 '자세히' 들여다보면 아이는 파티가 그렇게 나쁘지 않았다고 생각하게 된다. 그렇지 않다면 아이에게 새롭게 생각하는 방법을 알려줄 필요가 있다. "_____ 말고는 즐겁게 지낸 것 같구나."라고 말해보자. 아이가 이 말에 고개를 끄덕이면 좋겠지만 그렇지 않다면 그냥 내버려 둬도 좋다. 아이는 아직 새로운 관점을 가질 준비가 되어 있지 않은 것이다. 마음이 준비되지 않은 아이는 그 어떤 것도 바꾸려고 하지 않는다. 어느 정도 기다렸다가 "재미있는 게임을 하는 거 같던데? 어떤 게임이었니?"라고 물으며 아이에게 즐거운 일을 말할 기회를 주자. 아이가 이 질문에 대답하면 "파티에서 즐겁게 지내서 다행이구나."라고 말하고 넘기면 된다. 아직 아이가 좋은 면만 보게끔 도움을 줄 기회는 많이 남아있으니 말이다

무엇을 얻을 수 있을까?

아이들이 부정적인 일과 긍정적인 일이 동시에 일어날 수도 있다는 사실을 알게 되면 자신이 경험하는 모든 사건을 보는 관점을 바꿀 수 있다. 나쁜 일 뒤에는 좋은 일이 일어날 수도 있다는 사실을 알기 때문에 불안을 일으키는 사건에도 마음을 연다. 아이들은 불안할 때

올바른 관점을 갖지 못하지만 일단 진정되고 나면 사건의 좋은 면과 나쁜 면을 동시에 인지하게 된다. 이는 불안한 아이들이 배울 수 있는 고도의 생각 기술이다. 자신에게 일어나는 일들이 그렇게 나쁘지만은 않다고 생각하는 아이는 미래를 두려워하지 않으며 기꺼이 위험을 감수하려고 할 것이다.

행동 유형 바꾸기

행동 유형 바꾸기는 아이들을 방심하게 하는 반 심리적 방법이다. 항상 부모를 찾던 아이는 이 방법을 배우고 나서 독립적인 아이로 변하게 된다.

이럴 때 도움이 된다.

- 아이가 혼자 있기 무서워할 때
- 아이가 부모나 다른 사람과 계속 함께 있으려고 할 때
- 아이가 부모가 어디에 있는지 항상 알고 싶어 할 때

왜 효과가 있을까?

1. 불안한 마음은 쉽게 패턴을 만들어낸다.
아이들의 습관은 강력해서 일단 익숙해지면 바꾸기 어렵다. 아이가 항상 부모와 함께 자러 가면 곧 그 행동은 습관이 되어 매번 같이 가야 한다고 떼를 쓴다. 부모와 같이 자려는 아이도 마찬가지다. 처음에는 괴물이 무서워서 부모의 방에 찾아왔지만, 곧 습관

이 되어 고치기 힘들어진다. '행동 유형 바꾸기'는 부모가 아이의 불안에 대처하는 방법에 변화를 주면서 패턴을 바꾼다. 불안해진 아이가 부모를 찾아오기 전에 부모가 먼저 아이에게 가면 된다. 아이가 도움을 요청하기 전에 부모가 먼저 도움이 필요한지 묻는 것이다. 이 방법은 아이의 불안이 가져온 생각에 변화를 주고 곧 아이의 행동에도 더 나은 변화를 불러온다.

2. 아이들은 독립하기 위해 노력한다.

모든 아이는 본능적으로 독립하려고 한다. 아이들은 부모를 밀어내고 떨리는 발걸음을 스스로 내딛게 되어 있다. 불안에서도 마찬가지다. 아이들은 스스로 두려움을 다루는 방법을 알아내야 한다. 혼자 자기 방으로 가는 방법이나 밤에 혼자서 잠드는 방법을 찾아야 한다. 독립하는 것을 목표로 삼고 스스로 문제를 해결하고 나면 아이의 자존감은 하늘을 찌른다. 가끔 아이가 하지 못한다고 말하지만 그건 스스로 못 할 거로 생각하기 때문이다. 한 번이라도 성공을 경험한 아이들은 그 성취감 때문에 계속해서 스스로 해내려고 할 것이다.

3. 반 심리적 방법은 효과적이다.

반 심리적 방법은 반대로 말하는 것이다. 아이가 콩을 먹기 바란다면 "콩을 먹어."라고 말하지 말고 "콩 세 개는 못 먹지? 그렇지?"라고 말해보자. 아이는 부모가 틀렸다는 사실을 보여주려고 콩을 먹을 것이다. 반 심리적 방법을 제대로 사용하면 아이는 부모의 기대 이상으로 모든 일을 해낸다. 이 방법은 특히 불안에 효과적이다. 아이의 불안을 둘러싼 역학관계를 변화시키기 때문이다. 불안한 아이가 부모를 찾기 전에 부모가 먼저 아이를 찾아간다. 그러면 부모를 항상 필요로 하는 아이의 패턴에 변화를 주어 아이가 좀 더 독립적으로 행동할 수 있게 해준다.

실행 방법

1단계: 아이가 두려워하는 한 가지를 선택한다.
한 번에 하나씩 실행한다. 아이가 혼자 자기 방에 가기와 밤에 혼자 잠드는 일, 둘 다 두려워한다면 둘 중 아이가 더 불안해하는 일 또는 부모가 더 다루기 힘든 일을 찾아서 선택한다. 자기 방에 갈 때마다 부모나 형제자매에게 같이 가자고 심하게 떼를 쓰면 먼저 이 문제를 해결하자. 하지만 아이가 혼자 방에 가는 일에 너무나도 극심한 두려움을 느껴서 이 방법이 소용이 없다면 좀 더 쉬운 것부터 시작해도 된다. 아이가 밤에 혼자 잠드는 일을 심하게 불안해하지 않는다면 여기서부터 시작해보자. 그럼 다른 일도 쉬워질 가능성이 높다. 성공에는 또 다른 성공이 따르기 때문이다.

2단계: 흐름을 바꾼다.
여기서 반 심리적 방법을 사용할 수 있다. 아이가 "엄마 내 방으로 같이 가요."라고 계속 말하면 "그러니? 꼭 같이 가자! 나도 꼭 같이 가고 싶어."라고 말한다. 아이는 부모가 자신을 밀어내는 일에 익숙한데 이제는 부모가 자신에게 매달리니 이상하게 생각할지도 모른다. 게다가 아이들은 집착을 좋아하지 않는다. 부모가 아이에게 같

이 가고 싶으니 잠시만 기다려 달라고 하면(아이들은 기다리는 걸 싫어한다) 아이는 갑자기 상황이 이상해졌다고 느낀다. 그래서 기다려야 할지 말아야 할지 고민한다. 결국 아이는 "아니요. 혼자 갈래요."라고 말하며 독립적인 사람이 되는 길을 택한다. 이때 아이에게 "좀만 기다려줘! 같이 가자!"라고 말하면 아이는 더더욱 혼자 가려고 한다. 예전에는 실패했지만 이번에는 멋지게 해낸 것이다.

3단계: 두려움을 극복하도록 최선의 노력을 다한다.

아이가 원하면 기꺼이 아이가 원하는 대로 해야 한다. 아이에게 "혼자 가지 말고 기다려 줄래?"라고 말했는데 아이가 "네! 같이 갈래요."라고 말하면 기꺼이 함께 가줘야 한다. 기대하던 반응이 아니지만 그래도 흐름을 유지해야 한다. 아이가 혼자 자기 방에 가기를 점점 더 두려워한다면 분위기를 가볍게 해야 한다. 또한 예전처럼 마지못해 같이 가는 티를 내면 이 방법은 실패할 수 있다는 사실을 명심하자.

무엇을 얻을 수 있을까?

흐름이 바뀌면 행동도 바뀐다. 불안은 부모에게 다가가는 아이와 아이를 밀어내는 부모 사이에서 발생하는 일련의 과정이다. 그래서 아이가 부모에게 가기 전에 부모가 아이에게 가면 아이들은 부모를 밀어낼 수밖에 없다. 아이가 잠들기 전에 부모를 계속 부른다면 이 방법이 아주 효과적이다. 아이가 부르기 전에 3분 간격으로 아이 방으로 가서 "자니? 괜찮니?"라고 물어보자. 아이는 곧 "잠 좀 자게 이제 그만 오실래요!"라고 말할 것이다. 좀 피곤하지만 괜찮은 방법이다. 부모와 아이가 부정적 불안의 패턴에 빠질 때 흐름을 바꾸면 불안의 강도가 낮아진다. 부모가 불안해하는 아이에게 이전과 다른 행동을 하면 아이의 새로운 행동을 끄집어내고 아이의 독립심도 성장한다.

방법11

불안에 이름 붙이기

불안에 이름 붙이기는 아이가 불안을 객관적으로 보게 해준다. '걱정 월터'같이 불안에 이름을 붙이면 아이는 불안도 친구처럼 왔다 간다고 생각한다.

이럴 때 도움이 된다.

- 아이가 두려움에 사로잡혀 있을 때
- 아이가 자신에게 문제가 있다고 생각할 때
- 아이가 유머를 좋아할 때

왜 효과가 있을까?

1. 불안은 혼란스럽다.

불안이란 무엇일까? 불안은 보이지 않는다. 측정할 수도 없다. 아이들은 그저 불안의 느낌을 말할 뿐이다. 배가 아프고 머리가 아프다고 말하거나 밤에 잠이 오지 않는다고 투정을 부리기도 하고 무서운 생각 때문에 어찌할 바를 몰라 짜증을 낸다. 불안에는 성인도 이해하기 힘든 증상들이 있다. 그래서 불안에 이름을 붙이면 불안을 이해하기 쉽다. 불안이 찾아왔다가 떠나는 것을 인지할 수 있기 때문이다.

2. 불안이 아이가 감당할 수 있는 수준으로 낮아진다.
걱정이나 두려움이라는 말은 불안을 아이의 수준으로 낮춰 주고 불안에 이름을 붙이면 그 수준은 더욱더 낮아진다. '걱정 월터'나 '무서운 샐리' 같은 이름은 아이들이 겪는 불안에 이미지를 만들어 준다. 걱정을 쉽게 떠올릴 수 있고 더 정확하게 느낄 수 있다. 이런 이미지화는 걱정의 강도를 줄여 준다. '걱정 월터'가 가끔 나타나면 아이는 심장이 뛰고 초조해지지만 '걱정 월터'가 떠나는 모습도 상상할 수 있기 때문이다. 아이들은 자신에게는 문제가 없는데 그저 '걱정 월터'가 왔다 갔다고 생각하게 된다.

3. 유머는 매우 효과적이다.
유머와 불안은 어울리지 않지만, 종종 유머는 불안을 줄어들게 하기도 한다. 유머는 불안의 순환을 깨기 때문이다. 아이가 스스로 웃을 방법을 배우면 불안에 휘둘리지 않을 수 있다. 내가 상담했던 한 아이는 매년 학기 초만 되면 걱정이 많아졌다. 이 사실을 너무도 잘 알고 있던 아이는 학기가 시작할 때면 항상 불안해했다. 하지만 아이는 자신의 걱정에 이름을 붙이고는 이렇게 말했다. "걱정 완다는 학기 초만 되면 불쑥 나타나요. 그리고 며칠 안에 사라져요!" 이런 생각을 할 줄 아는 아이는 불안이 찾아와도 불안에 압도당하지 않는다.

실행 방법

1단계: 불안에 붙일 이름을 찾는다.
이 단계는 굉장히 재미있다. 아이가 기분이 좋을 때 아이의 불안에 붙일 이름을 이야기해보자. "걱정에 이름을 붙여 볼까?"라고 말하며 재미있는 이름이나 아이가 좋아하는 슈퍼 히어로가 물리치는 악당의 이름 등 여러 가지를 제시한다. 이때 걱정에 붙일 이름은 반드시 아이가 생각해내야 한다. 이름을 정하면 아이가 불안할 때마다 그 이름을 불러보는 연습을 하자. "네가 말하는 거니? '걱정 인형'이 말하는 거니?" 이렇게 물어보면 아이는 자신의 불안을 제대로 볼 수 있고 불안을 느끼면 "걱정 인형이 나타났어요!"라고 말하게 된다. 불안을 인지하는 능력은 아이가 상황을 제대로 볼 수 있게 해주기 때문이다.

2단계: 아이가 불안을 통제하게 돕는다.
불안에 이름을 붙이는 것만으로도 아이는 불안을 덜 느끼고 상황을 제대로 인식한다. 그런데도 불안이 다시 찾아오면 부모는 아이가 자신의 불안을 스스로 통제할 수 있게 도와야 한다. '걱정 몬스터'가 다시 나타나서 아이가 두려움에 휩싸이면 '걱정 몬스터'를 어떻게 해야 할지 계획을 세우자. 진흙으로 '걱정 몬스터' 모형을 만들고 나서 부수거나, 종이에 그리고 난 뒤 찢거나, 발을 구르며 "걱정 몬스터 저리 가!"라고 소리칠 수 있다. 아이는 이런 구체적인 방법으로 불안을 극복할 수 있다. 불안은 추상적인 개념이어서 구체적인 형태로 만들면 이해하기 쉽다. 사각 호흡 연습(방법1), 생각의 전환(방법3), 오직! 오늘

일만 담는 접시(방법12)도 '걱정 월터'를 다루는 데 도움이 된다.

3단계: 아이의 불안을 정상화한다.
아이들은 불안할 때 외롭다고 느낀다. 자신만 불안하다고 생각하는 것이다. 부모가 조금만 도와주면 아이는 누구나 불안을 겪는다는 사실을 알게 되어 외로움을 느끼지 않는다. 부모도 걱정이 있다면 자신의 걱정에 이름을 붙이고 아이에게 말해 주면 좋다. 이때 아이의 걱정에 붙인 이름과 비슷하게 만든다. 부모가 자신의 경험을 아이에게 이야기해줘도 도움이 된다. "오늘 엄마가 회사에서 발표하기 전에 '걱정 완다'가 나타났었어. 그래서 사각 호흡 연습을 했더니 훨씬 좋아졌단다."라고 말하면 아이는 자신만 불안을 겪는 게 아니며 여러 가지 방법을 사용해서 불안을 극복할 수 있다는 사실을 알게 될 것이다.

무엇을 얻을 수 있을까?

불안은 어둡고 무거우며 압도적이지만 가볍게 다루면 빨리 사라진다. 불안에 이름을 붙이면 아이들은 불안을 심각하게 받아들이지 않게 된다. 그래서 불안은 좀 더 가벼워지며 힘을 잃는다. 불안한 아이들은 항상 무엇인가 잘못되었다고 생각한다. 그래서 불안에 이름을 붙이면 재미를 느낀다. 또한 아이들의 마음을 진정시키는 데 도움을 줄 수 있다.

방법12

오직! 오늘 일만 담는 접시

오직! 오늘 일만 담는 접시는 아이들이 스스로 생각을 정리하고 오늘 하루만 걱정하게 하는 방법이다. 학교, 집, 친구 등으로 주제를 정하고 집중해야 할 목록을 작성한다. 이렇게 하면 미리 걱정하는 일을 없애 준다.

이럴 때 도움이 된다.

- 아이가 앞으로의 일을 걱정할 때
- 아이가 내일 걱정으로 오늘을 즐기지 못할 때
- 아이가 오늘을 힘겹게 보낼 때

왜 효과가 있을까?

1. 마음은 오늘 하루만 다룰 수 있다.

수백만 년 동안 인간은 살아남기 위해 경계를 늦추지 않았다. 원시 시대에는 적이나 동물이 공격해 올 수 있었기에 끊임없이 경계하며 살았다. 오늘날도 마찬가지다. 누군가 집에 침입할 수 있고 암에 걸릴지도 모른다는 두려움에 살고 있으니 말이다. 시대와 상황은 변했지만, 우리의 뇌는 변하지 않았다. 우리는 변하지 않은 뇌로 현재를 살고 있으며 아이들에게 이런 상황은 더욱 힘들 수 있다. 불안한 아이들은 계속 안 좋은 일이 생길 것으로 생각하지만 당장은 아무 일도 일어나지 않아서 미래에 집착하게 된다.

2. 미래를 걱정하면 현재를 망친다.

현재에는 '문제'가 거의 없다. 아이는 지금 친구들과 놀고, 목욕하고, 아이스크림을 먹는다. 목욕물은 따뜻하고 함께 놀 친구도 있다. 불안한 아이들조차도 이런 일에는 마음이 편하다. 그러나 불안한 아이들은 앞으로 나쁜 일이 일어날 게 분명하다고 확신한다. 소풍 갈 때 버스가 고장 날 수도, 금요일에 있을 시험을 망칠 수도 있다고 생각하는 것이다. 불안한 아이들의 마음은 현재에서 벗어난 시나리오만 떠오르게 한다.

3. 오늘에 집중하는 방법을 배우면 마음이 편해진다.

아이는 스스로 불안에 경계선을 만들어야 한다. 오늘에 집중하면서 구체적인 방식으로 걱정의 경계선을 정하면 아이는 현재에 머무르게 되어 꼭 오늘 걱정하지 않아도 된다는 사실을 깨닫는다. 걱정할 시간과 때가 따로 있다는 사실을 알게 된 아이는 이제 계속해서 걱정하지 않는다. 현재를 살아갈 힘을 얻는 것이다. 이 방법을 배운 아이는 이렇게 말했다. "전 이제 목요일 밤에만 시험 걱정을 해요." 아이는 걱정해야 할 때를 알았고 그래서 일주일 내내 걱정하지 않고 즐겁게 지낼 수 있었다.

실행 방법

1단계: 걱정이 많아지면 어떻게 되는지 알려준다.
아이들에게 이 방법을 설명하려면 먼저 우리의 뇌가 접시와 매우 비슷하다는 사실을 알려주어야 한다. 나는 이렇게 말한다. "네 앞에 놓인 종이 접시에 일주일 동안 먹을 음식을 그려 볼래?" 그러면 아이는 신나서 접시 위에 와플, 시리얼, 아이스크림 등을 그려 넣다가 갑자기 한데 섞인 음식들을 보고 "웩 역겨워요!"라고 말한다. 그러고 나서 "그 접시에 든 음식을 다 먹으면 어떻게 될까?"라고 물으면 아이는 "배가 아프겠죠."라고 말한다. 그 대답을 들은 나는 "맞아. 그런데 그거 아니? 그게 바로 네가 네 마음에 하는 일이야. 너는 일주일치 걱정을 한꺼번에 하고 있고 그래서 마음이 아픈 거란다."라고 말해준다. 실제로 아이는 스트레스로 배가 아프고 잠을 못 자고 있었다. 아이들은 스스로 감당할 수 없을 정도로 마음에 많은 걱정거리를 담는다. 다양한 방법으로 아이에게 마음에 걱정을 너무 많이 담으면 어떻게 되는지 알려줄 수 있다.

2단계: '오늘 일만 담는 접시'를 만든다.
나는 주로 종이 접시를 사용한다. 종이 위에 글씨를 쓰기 쉽고 실제로 접시 모양을 하고 있어서다. 접시를 4등분하고 집, 학교, 친구, 가족이라고 적는다. 주제는 달라도 상관없다. 아이가 매일 무용 학원에 가는 게 걱정이라면 무용 학원이라는 칸을 만들 수 있다. 이제 접시에 내용을 쓴다. 아이가 수학 시험을 본다면 학교 칸에 적고 놀이 약속이 있으면 친구 칸에 적는다. 이제 아이는 접시에 적은 오늘의 일들만 생각해야 한다. 내일 시험을 본다면 접시에는 공부하기를 적어야 하고 연주회가 있다면 연습하기를 적어야 한다. 이런 일 외에 내일 일어날 일은 오늘 접시에는 쓰지 않는다.

3단계: 스트레스를 받을 때 '오늘 일만 담는 접시'를 다시 본다.

처음에는 규칙적으로 접시에 할 일을 작성해야 한다. 그러면 아이가 할 일을 쓰는 방법을 빨리 배우고 오늘 있을 일만 생각하는 데 도움이 된다. 부모가 아이와 함께 작성해도 좋고 아이 혼자 해도 좋다. 10대 아이들을 상담할 때, 이 방법은 특히 학업 스트레스와 사회성 문제 해결에 큰 도움이 되곤 한다. 우리가 사각 호흡 연습을 언제 어디서나 사용할 수 있듯이 '오늘 일만 담는 접시'도 마찬가지다. 아이들은 언제 어디서나 자신의 걱정을 써 볼 수 있다. 아이가 불확실한 미래의 일을 걱정한다면 이 방법을 알려주자.

무엇을 얻을 수 있을까?

걱정에 경계선을 정하지 않으면 걱정은 불안한 아이를 집어삼킨다. 아이는 오직 불확실한 미래에 일어날 일에만 집중해서 현재의 긍정적인 경험을 놓칠 수 있기 때문이다. 걱정 시간을 따로 정하는 것처럼 걱정에 경계선을 정하면 지금이 아닌 정해진 시간에 두려움을 다룰 수 있다는 사실을 알게 된다. 금요일에 있을 일은 금요일에 걱정하면 된다는 사실을 알면 아이들은 남은 한 주를 편안하게 보낼 수 있을 것이다.

빨리 달리자! 높이 뛰자!

빠르게 달리자! 높이 뛰자! 는 운동을 하면서 불안한 마음을 덜어내는 방법이다.

이럴 때 도움이 된다.

- 아이의 에너지가 넘쳐날 때
- 아이가 불안해하는 일을 만났을 때
- 아이가 평소에도 긴장하고 불안해할 때

왜 효과가 있을까?

1. 불안은 에너지다.

불안한 아이들은 에너지가 넘친다. 쉴 새 없이 말하고, 흥분해서 방방 뛰고, 갑자기 화를 내기도 한다. 불안한 아이들이 내뿜는 에너지는 강렬해서 이런 에너지를 제대로 발산하지 못하면 아이는 통제 불능 상태가 된다. '흥분'은 불안의 증상이며 보통 불안이 생기기 전에 더 '흥분'한다. 변화에 잘 적응하지 못하는 아이들은 학기가 끝나가거나 개학할 무렵이 되면 에너지가 솟구치기 시작하고 이 에너지를 발산하지 못하면 혼란스러운 결과가 나타난다. 일상이 엉망이 되고 부모를 끊임없이 시험에 들게 한다. 이런 일이 발생하기 전에 아이가 에너지를 발산하게 도우면 아이는 훨씬 차분해지고 불안이 줄어들 수 있다.

2. 피곤하면 행복해진다.

마음이 혼란스러운 아이는 쉽게 짜증을 내고 민감하게 반응한다. 하지만 마음이 편안해지면 친절하고 덜 예민하게 행동한다. 불안한 아이들도 마찬가지여서 피곤하거나 아프면 예전처럼 고집을 피우거나 싸울 힘이 없어져서 사소한 일에는 신경 쓰지 않고 넘어가거나 다른 사람의 행동을 있는 그대로 받아들인다. 그래서 불안한 아이들에게 운동이 필요하다. 날씨가 너무 덥거나 아이가 아픈 경우가 아니라면 아이가 에너지를 소비할 수 있는 운동을 생각해보자. 운동하고 나면 기분이 좋아지고 걱정도 줄어들 것이다.

3. 운동하면 엔도르핀이 나온다.

소아청소년과 의사들은 신체 활동이 아이의 신체 발달에 중요하다고 강조한다. 신체 활동으로 분비된 엔도르핀은 기분을 좋게 한다. 엔도르핀은 뇌에서 만드는 신경전달물질로 고통을 줄여주기 때문이다. 짧은 시간 동안 운동을 해도 기분이 좋아지지만 30분 이상 운동을 하면 엔도르핀의 효과가 가장 크다. 아침 6시에 달리고 싶지 않지만 달리고 나면 몸과 마음이 가벼워진다는 사실을 알기 때문에 무조건 일어나는 사람들이 있다. 불안한 아이들도 마찬가지다. 축구 시합에 가고 싶지 않아도 시합을 마치면 기분이 좋아지고 아침 8시에 수영 강습에 가기 싫어도 수영을 하고 나면 기분 좋게 하루를 시작할 수 있다는 사실을 알기에 가는 것이다.

실행 방법

1단계: 아이가 좋아할 만한 운동을 찾는다.
아이가 운동을 좋아할 수도 있고 그렇지 않을 수도 있다. 아이가 운동을 좋아하면 운동을 하고 난 후의 기분 좋은 느낌을 느끼게 해줘야 한다. 아이가 운동을 좋아하지 않으면 조금 더 고민해봐야 한다. 무용, 태권도, 수영 등은 단체 운동을 싫어하는 아이들에게 좋다. 자전거 타기, 보드 타기, 공원 산책도 좋다. 아이가 좋아하는 운동을 찾아서 관심을 두게 하는 게 중요하다. 아이에게 새 자전거를 사주거나 용돈을 주며 강아지 산책을 맡겨보자. 한번 해보기 시작하면 계속하고 싶어질 수도 있다.

2단계: 운동을 일상으로 만든다.
불안한 아이는 매일 신체활동을 해야 한다. 아이가 학교에서 돌아와 숙제를 하고 컴퓨터 게임을 하는 것만으로는 충분하지 않다. 산책이라도 해야 한다. 학교에서 생긴 스트레스를 집에 온 뒤 없애야만 남은 저녁 시간 동안 불안한 마음 없이 보낼 수 있다. 아이가 운동을 거부하면 부모와 같이해보자. 아이는 함께 운동하는 부모를 보며 나도 저렇게 해야 한다는 생각을 할 수도 있다. "운동하면 기분이 좋아

져."라고 말하면 아이는 신체활동을 이해할 수 있다. 아침이면 활력이 넘쳐나는 아이들에게는 아침 운동을 일상으로 정한다. 아침 운동은 줄넘기나 학교까지 자전거 타고 가기 등이 적당하다. 에너지가 가득할 때 바로 에너지를 발산하게 도와주어야 한다.

3단계: 운동은 재미있어야 한다.
운동은 억지로 하면 재미가 없다. 아이들은 온종일 억지로 하는 일이 많다. 수업도 들어야 하고, 선생님 말씀도 따라야 하고, 정해진 시간에만 화장실에 가야 한다. 학교가 끝나고 집에 가서도 해야 할 일이 있다는 사실은 아이들에게 좌절감을 준다. 그래서 운동이 재미있어야 한다. 자신이 좋아하는 운동을 하는 아이는 운동하고 있다고 생각하지 않는다. 놀이도 운동이다. 아이들은 놀이를 좋아하기 때문에 놀이하면서 운동을 하면 효과가 좋다. 친구들과 술래잡기를 하거나 자전거를 타고 친구 집에 놀러 가는 것도 운동이다. 불안한 아이는 과도한 에너지를 발산하고 엔도르핀을 분비하기 위해 운동을 한다. 아이가 운동 후 이 두 가지를 모두 달성했다면 부모는 임무를 완수한 것이다.

무엇을 얻을 수 있을까?

규칙적으로 운동을 하면 아이의 불안이 크게 줄어든다. 매일 에너지를 발산하기 때문이다. 아이가 불안해하면 "나가서 좀 달릴까? 뛰고 나서 다시 얘기해보자."라고 말해 보자. 그러면 아이는 에너지를 발산할 수 있고 두려움을 이성적으로 대할 수 있게 된다. 운동은 즉각적인 발산을 해야 하는 외향적 처리자 아이들에게 효과적이다. 운동으로 시간을 지연시키면 아이는 부모에게 요청하지 않고 스스로 불안을 다스릴 수 있기 때문이다. 운동을 규칙적으로 하면 불안한 아이들은 스스로 신체 활동이 필요하다고 느끼게 되어 "지금 정말 불안하니까 잠깐 뛰고 올게요"라고 말할 것이다. 결국 아이는 에너지를 발산해야 할 필요성을 느끼게 되고 운동을 하면서 자신을 더 자세히 살펴보게 된다.

방법14

걱정 전문가

걱정 전문가는 아이들이 자신과 비슷한 어려움을 겪는 다른 아이들을 도와주면서 자신을 객관적으로 바라보게 한다. 아이들은 조언해 주면서 자신에게 맞는 방법도 찾을 수 있다.

이럴 때 도움이 된다.

- 아이가 불안에 사로잡혀 있을 때
- 아이가 부모의 조언을 듣지 않을 때
- 아이가 리더의 역할을 좋아할 때

왜 효과가 있을까?

1. 불안한 마음은 객관적이지 않다.
불안한 아이들은 어떻게 해야 기분이 좋아지는지 모른다. 혼자 자는 게 무서운 아이는 왜 무서운지 모르고 무조건 부모의 침대로 파고든다. 아이들은 불안하면 그 불안을 해결하려고 하지 않고 피하려고만 한다. 부모가 해결 방법을 제시해도 아이들은 "몰라요",

"그래도 소용없어요"라고 말하기도 한다. 아이들이 불안을 피하는 이유는 첫째 마음이 불안하면 객관성을 잃기 쉽고, 둘째 상황을 개선해야 할 필요성을 못 느끼기 때문이다. 무서우면 자기 침대에서 혼자 자지 않고 부모의 침대로 가면 된다고 생각하는 것이다. 불안한 아이가 비슷한 처지에 빠진 다른 아이를 도와줄 기회를 얻으면 모든 게 달라진다. 아이들은 잠시라도 전문가가 되어 누군가에게 도움을 줄 수 있다는 사실에 자신도 큰 변화를 겪는다.

2. *누군가를 도우면 기분이 좋아진다.*

나는 초등학교에서 아이들을 가르칠 때 아이를 기분 좋게 하는 가장 쉬운 방법을 알아냈다. 바로 아이에게 부탁하는 거다. 아이들은 아무리 사소한 부탁이라도 기꺼이 들어주었다. 중학생이 되면 달라지지만, 어린아이들은 도움 주는 일을 굉장히 좋아한다. 불안한 아이들도 비슷한 처지의 다른 아이에게 도움을 주기를 좋아한다. 앞에서 말했듯이 불안한 아이를 상담할 때 다른 아이의 걱정을 말하면 치료가 훨씬 쉬워지는 이유가 바로 여기에 있다. 불안에 힘들어하던 아이가 갑자기 해결 방법을 말하기 시작한다! 그 아이에게는 어떤 방법이 효과가 있는지, 그 아이가 기분이 좋아졌는지 관심을 두고 스스로 방법을 생각해낸다. 아이는 "어젯밤에 혼자 자러 갈 때는 손전등을 챙겼어요. 그 아이도 그렇게 해봤을까요?"라고 묻기도 했다. 참고로 이 아이는 자기 침대에서 혼자 자는 문제로 여러 차례 상담을 받았었고 그때마다 침대 밑에 괴물이 있다며 단호하게 거부했던 아이였다.

3. 돕는 방법을 생각하면 자신에게도 도움이 된다.

자기 문제가 아니라면 해결책을 생각해내기가 더 쉽다. 우리는 종종 친구의 결혼 생활과 육아에 명쾌한 해답을 제시하곤 한다. 아는 척을 하는 게 아니라 자신의 문제가 아니면 상황을 더 정확하게 볼 수 있기 때문이다. 아이들도 마찬가지다. 아이들은 다른 아이의 기분이 좋아지는 방법을 안다. 아이는 괴물이 진짜가 아닌 걸 알고 있고 이 사실을 다른 아이에게 알려주면 그 아이도 기분이 나질 거란 걸 안다. 그래서 다른 아이를 도우면 결국은 자기 자신을 돕는 것이나 마찬가지다. 다른 아이에게 걱정할 일이 아님을 설명할 수 있으면 자신도 그렇게 믿게 된다. 다른 아이에게 설명한 해결 방법이 아이 자신의 불안 또한 해결해 준다.

실행 방법

1단계: 아이에게 다른 아이의 불안을 들려준다.

이야기를 좋아하는 부모라면 이 방법이 꽤 흥미로울 수 있다. 아이들은 이야기를 좋아하고 이야기를 들으면서 그 속에서 많은 것을 배운다. 다른 아이의 이야기를 들으면 그 아이의 문제를 알게 되고 동시에 자신의 문제도 인지하게 된다. 이런 이야기는 아이를 치료하겠다는 목적이 있으므로 아이가 눈치채지 못하게 자연스러워야 한다. "네가 정말 불안해하니 너에게 교훈이 될 만한 이야기를 해줄게."라고 말하면 효과가 없다. 이때는 "어릴 때 그렇게 걱정이 많던 사람이 있는데, 말하면 넌 믿지 않을걸?"이라고 말해보자. 그러면 아이는 흥미를 갖고 "누군데요? 누구예요?"라고 묻는다. 일단 아이가 관심을 가지면 이야기를 시작한다. 걱정이 많은 아이가 나오는 책을 읽어줘도 좋다. 부모가 이야기하거나 책을 읽어줄 때 아이는 강요받는다고 느끼지 않아야 한다.

2단계: 아이에게 도움을 청한다.

어떤 부모는 이야기를 너무 잘해서 아이에게 조언을 구하기도 전에 아이가 먼저 해결 방법을 내놓는다. 아이들은 이야기를 듣다가 "왜 손전등을 가져가지 않았죠?", "왜 강아지랑 같이 가지 않았죠?"라고 불쑥 먼저 물어보기도 하는 것이다. 아이가 가만히 듣고만 있다면 "어떻게 하면 이 아이를 도울 수 있을까?"라고 물어보면 된다. 아이는 바로 해결 방법을 말해줄 것이다. 아이와 비슷한 문제로 힘들어하는 다른 아이의 이야기를 하면 효과가 좋다. 하지만 이때 아이가 불편해하면 살짝 다른 주제에서 이야기를 시작해야 한다. 예를 들어, 관계 불안이 있는 아이들은 불안에 대한 경계심이 심하다. 그래서 나는 부모와의 관계로 힘들어하는 아이들에게 친구 관계 문제를 먼저 이야기한다. 이야기하면서 아이들이 점점 기분이 나아지면 부모와의 관계로 이야기를 옮겨 간다.

3단계: 다른 아이를 도우면 자신에게도 도움이 된다.

아이들은 자신만 알고 있는 방법을 알려주어 다른 아이에게 기꺼이 도움을 주려고 한다. 불안한 아이들에게 사각 호흡 연습을 알려주면 아이들은 집에 가서 여동생이 난리를 피울 때 이 방법을 알려준다. 부모는 "아이가 우리 모두에게 사각 호흡 연습을 가르치고 있어요."라고 내게 소식을 전해오기도 했다. 다음번 상담 시간에 만난 아이는 빨리 이 사실을 알려주고 싶어서 상담실에 들어오자마자 자랑스럽게 말한다. "제 동생은 화를 많이 내요. 그래서 제가 사각 호흡 연습을 알려줬어요!" 불안한 아이들은 화를 잘 내는 다른 아이 이야기를 들으면 돕고 싶은 마음에 이렇게 묻곤 한다. "그 애도 사각 호흡 연습을 배웠나요?"라고 말이다. 아이에게 이야기해줄 때에는 중간중간 아이의 조언을 반영해서 결말을 바꾸는 등 아이의 참여를 끌어내는 것이 좋다.

무엇을 얻을 수 있을까?

이야기에는 놀라운 힘이 있다. 다른 사람을 도울 기회도 마찬가지다. 불안한 아이들은 두려워서 외롭다고 느낀다. 하지만 누구나 두려워한다는 사실을 알게 되면 덜 외롭다고 느끼고 다른 아이들 문제에도 쉽게 공감한다. 이런 과정을 통해 결국 자기 자신의 문제를 더 잘 알게 되는 것이다. 아이들은 대부분 다른 아이들도 비슷한 문제로 힘들어한다는 사실을 모른다. 그렇지만 이런 사실을 알게 되면 자신이 겪는 문제가 별거 아니라는 사실에 안도하며 금방 좋아질 거로 생각할 것이다.

감정 확인하기

감정 확인하기는 매일 정해진 시간에 아이와 함께 감정 세 가지를 이야기하는 방법이다. 이 방법은 아이의 감성 지능을 높여주고 부모와 아이의 유대감을 높여 준다.

이럴 때 도움이 된다.

- 아이가 자신의 감정을 잘 알지 못할 때
- 아이가 자신의 감정을 이야기하지 않을 때
- 아이가 부모와 단둘이 이야기하기를 좋아할 때

왜 효과가 있을까?

1. 방법을 배우면 자신의 감정을 알 수 있다.
어떤 아이들은 자신의 감정을 표현하는데 서툴다. 기분이 어떠냐고 물어보면 "몰라요"라고 대답하거나, 왜 여동생을 때렸는지 물으면 "동생이 먼저 나를 때렸어요!"라고 변명한다. 얼마 전 8살 아이를 상담했는데 아이는 묻는 말에 모두 "몰라요"라고 대답했

다. 아이가 세 번째로 모른다고 대답했을 때 나는 "네가 알고 있다면?"이라고 물었다. 아이는 잠깐 생각하더니 "무서워서 그랬어요."라고 대답했다. 그러고 나서 왜 무서웠는지, 기분이 좋아지려면 어떻게 하면 좋을지 이야기를 할 수 있었다. 아이가 계속 모른다고 대답하면 부모는 아이의 감정을 알 수 없고 결과적으로 문제를 해결할 수 없다. 많은 아이가 정말로 왜 화가 났는지, 왜 슬픈지 몰라서 '몰라요'라고 말한다. 그저 말하기가 싫어서 대답하지 않는 아이도 있지만, 부모는 아이가 자신의 감정을 알아내서 표현하는 방법을 배우게 해야 한다.

2. 감정을 말하면 자신을 이해하는 데 도움이 된다.

소리 내어 감정을 말하면 듣는 사람보다 말하는 사람에게 더욱더 효과적이다. 소리 내어 말하는 동안 자신을 더 잘 이해할 수 있기 때문이다. 마찬가지로 아이들도 마음이 불안할 때 소리 내어 이야기하면 자신의 감정을 이해하는 데 도움이 된다. 얼마 전 상담했던 아이는 내게 이렇게 말했다. "이제 알겠어요. 전에 친구 집에서 잤을 때 무서웠거든요. 그래서 이번 주 내내 긴장했던 거에요." 이렇게 자신의 감정을 알아내면 스스로 불안을 다룰 수 있게 된다.

3. 부모도 감정이 있다는 사실을 알려준다.

아이들은 부모에게도 감정이 있다는 사실에 놀라워한다. 부모도 화를 내고 짜증을 낼 수 있지만 이런 감정들을 잘 처리해낸다는 사실을 아이에게 알려주어야 한다. 부모도 누군가 새치기를 하면 화가 나고 회사에서 발표해야 하면 긴장이 되지만 이런 감정을 잘 해결하고 있다는 것을 아이에게 말해주면 아이가 스스로 감정을 해결하는 데 큰 도움이 된다.

실행 방법

1단계: 감정 카드를 만든다.

자신의 감정을 잘 표현하지 못하는 아이들에게는 특별한 도움이 필요하다. "오늘 어땠어?"라고 물어보면 아이는 "괜찮았어요." 또는 "괜찮아요."라고 대답한다. 아이들은 대체로 이런 질문을 받으면 곧바로 자신의 감정을 알아내지 못한다. 그래서 아이가 고를 수 있는 선택지를 주어야 한다. 바로 감정 카드다. 여러 가지 감정을 나타내는 감정 카드는 아이들이 자신의 감정을 알아내는 도움을 준다. 내 상담실에는 25가지 감정 표현이 그려진 감정 카드가 있다. 이런 감정 카드는 살 수도 있고 직접 만들 수도 있다. 부모가 직접 감정 카드를 만든다면 표정과 함께 감정의 이름을 표시해도 좋다. 아이가 감정 카드를 보고 감정을 어떻게 표현해야 하는지 쉽게 이해하기 때문이다. 감정 카드는 아이가 다른 사람의 감정을 구별해내는 데에도 도움을 준다.

2단계: 부모와 아이가 각각 세 가지 감정을 고른다.

이 단계에서 부모와 아이는 깊게 공감할 수 있다. 누가 먼저 감정 카드를 골라도 상관없지만, 부모가 선택한 감정은 아이의 감정 지능에 영향을 미치기도 한다. 부모가 감정을 선택할 때는 걱정, 분노, 좌절 같은 부정적인 감정과 행복, 침착, 즐거움 같은 긍정적인 감정을 함께 골라야 한다. 긍정적 감정과 부정적 감정을 같이 선택하면 아이는 서로 다른 감정이 동시에 존재할 수 있다는 사실을 알게 된다. 각자 감정을 고르고 나면 이야기를 나눈다. "회사에 늦었을 때 정말 걱정되었어." 또는 "길 잃은 강아지를 봤을 때 슬펐단다."라고 말하고 난 뒤 이제는 아이의 이야기를 들어주자.

3단계: 정해진 시간 외에도 감정을 알아야 한다.
"이제 감정 카드는 필요 없어요. 제 기분이 어떤지 알거든요."라고 말하는 아이는 이미 한 걸음 앞으로 나간 것이다. 특히 아이가 당황, 질투, 부담처럼 복잡한 감정 카드를 선택한다면 더욱더 그렇다. 감정을 표현하기 어려워하던 9살 아이는 감정 확인하기 방법을 사용한 지 1주일 만에 학교에서 돌아와 "오늘 세 가지 감정을 느꼈어요. 지금 바로 확인할까요?"라고 말했다. 이런 말을 들으면 아이가 감정적으로 더 똑똑해지고 있다는 사실을 알 수 있다. 아이는 종일 느꼈던 자신의 감정을 인지하고 있었으며 이제는 그 감정을 부모와 공유하고 싶어 했다.

무엇을 얻을 수 있을까?

아이가 부모와 감정을 공유하면 아이는 자신을 더 잘 이해할 수 있고 부모도 아이를 이해하는 데 도움이 된다. 아이가 여동생을 질투한다고 말하면 왜 여동생을 때리고 도망쳤는지 이해할 수 있다. 동생을 질투하는 아이에게는 "언제 제일 질투가 나?", "사랑받는다고 느껴지지 않아?"라고 물어보자. 그러면 아이는 대답을 생각하는 동시에 동생과의 관계를 다시 한번 생각해 볼 것이다. 불안한 아이들은 반드시 자신의 감정을 파악하고 표현하는 방법을 배워야 한다. 아이들은 감정 확인하기를 통해 이러한 방법을 효과적으로 배울 수 있을 것이다.

결론

"사만다가 걱정을 말하면 감당하기 어려웠어요. 아이의 질문에 모두 대답해야 한다고 생각했지만, 이제는 '다섯 가지 질문 규칙' 방법을 사용해서 경계를 정했고 심지어 제가 직접 '사각 호흡 연습'을 하기도 해요. 처음엔 문제 해결 방법들이 아이에게만 도움이 될 거로 생각했는데 저한테도 도움이 되더라고요."

"아들이 주기적으로 불안해한다는 걸 알아내는 데 시간이 좀 걸렸죠. 아이가 불안해하면 제 신경이 곤두서곤 했어요. 하지만 이제 내가 문제 해결 방법만 제대로 사용하면 아이는 다시 괜찮아질 거란 걸 알아요. 너무 오랫동안 아이의 불안에 함께 빠져 있었던 것 같아요. 이제 방법을 알았으니 아이를 위해 강해질 거예요."

아이들이 불안에 빠져 있을 때는 상황이 나아질 거라고 기대하기 어렵다. 부모는 아이가 다시 환하게 웃을 수 있을지, 두려움을 극복할 수 있을지 확신이 서지 않는다. 하지만 결국 상황은 나아지기 마련이다. 올바른 지원과 문제 해결 방법이 있다면 불안한 아이들은 약한 모습에서 자신감 가득한 모습으로, 두려워하는 모습에서 침착한 모습으로 변할 수 있다. 물론 장애물이 나타나기도 한다. 그래도 해결 방법을 제대로 알면 장애물을 물리치고 계속 앞으로 나아가서 목적하는 바를 이룰 수 있다.

9살 사라가 처음 나를 찾아왔을 때 아이는 감당하기 어려운 두려움에 잔뜩 겁을 먹고 있었다. 사라는 죽음을, 대학 진학을, 직업을, 집을 어떻게 사야 하는지를 걱정하고 있었다. 미래를 너무나 걱정한 나머지 5년, 10년, 심지어 의사가 되겠다는 20년 목표를 리스트로 작성하고 있었다. 사라는 계속 두려움을 이야기했고 부모는 사라의 걱정에 압도되어 어떻게 해야 할지 모르고 있었다. 사라의 아빠는 "사라가 미래에 너무 집착해요. 설득해보려고 해도 안 돼요"라고 말했다.

첫 번째 상담에서 사라는 매우 흥분한 채로 앞으로의 일을 이야기했다. 목표를 적은 리스트를 보여주며 고등학교에서는 어떻게 공부할지, 어떻게 스탠퍼드 대학에 진학해서 정형외과 의사가 될 것인지 말했다. 사라는 이야기하면서 어깨에 힘이 들어가고 호흡이 점점 짧아졌다. 나는 사라의 이야기를 들어준 후 '사각 호흡 연습' 방법을 알려주었다. 함께 호흡 연습을 세 번 반복하자 사라는 몸에서 힘을 빼고 천천히 호흡할 수 있었다. 두 번째 상담에서 사라는 부모님과 여동생에게 호흡 방법을 알려주었다고 자랑스럽게 말했다. 매일 저녁 온 가족이 '사각 호흡 연습'을 한다고 말이다. 사라는 여전히 목표 리스트를 가지고 다니지만, 이제는 최근 학교생활이나 주말 계획 등을 이야기하기 시작했다. 사라가 이렇게 가까운 미래를 이야기하면 칭찬해 주었고 현재에 더욱 충실할 수 있게 '오직! 오늘 일만 담는 접시' 방법을 알려주었다. 세 번째 상담에서 사라는 기분이 훨씬 좋아졌다고 말했다. 사라는 내가 알려준 방법들을 잘 따랐고 더는 목표 리스트를 들고 오지 않았다. 하지만 사라의 엄마는 여전히 사라의 불안을 어떻게 다루어야 할지 고민하고 있었다.

사라의 엄마는 "사라가 여전히 같은 질문을 계속해요. 습관처럼 반복하는 건지 아니면 진짜 걱정하는 건지 헷갈려요."라고 걱정스럽게 말했다. 엄마와 상담을 해보니 엄마와 사라는 두려움을 이야기하는 시간이 너무 많았다. 그래서 나는 사라의 엄마에게 '생각의 전환'과 '다섯 가지 질문 규칙'을 알려 주었고 2주일도 채 지나지 않아 사라는 불안을 예전처럼 자주 이야기하지 않게 되었다. 사라의 엄마는 질문에 경계선을 정하는 방법과 대화의 방향을 바꾸는 방법을 알게 되었고 둘의 대화는 이제 예전 같지 않았다. 사라와 엄마는 몇 달 만에 처음으로 행복한 일들을 이야기하기 시작했다.

모든 아이가 사라처럼 빨리 변하지 않고 모든 부모가 해결 방법을 효과적으로 사용할 수 있는 것은 아니다. 하지만 부모가 아이의 불안을 해결하고자 노력하면 불안은 나아질 수 있다. 아이가 차가 막혀 스트레스를 받는 가족들에게 '사각 호흡 연습'이나 '생각의 전환'을 권하는 '걱정 전문가'가 되어도 놀라지 말자. 부모가 가르쳐준 방법을 아이는 따랐을 뿐이니까. 그리고 이건 정말 좋은 일 아닌가!

부모는 아이의 불안에 큰 영향을 준다. 매일 불안해하는 아이, 일 년에 두 번 정도 갑자기 크게 화를 내는 아이 등 모든 아이는 부모에게 도움을 요청한다. 이때 부모가 적절한 해결 방법을 알고 있다면 아이에게 딱 맞는 도움을 줄 수 있다. 부모는 아이가 힘든 시간을 이겨내는 방법을 배울 수 있게 도와야 한다. 그러면 아이가 스스로 두려움을 극복하는 모습을 볼 수 있을 것이다. 부모의 노력이 아이를 웃게 할 수 있다.